동심을 찾아서

이 도서의 국립중앙도서관 출판예정도서목록(CIP)은 서지정보유통지원시스템 홈페이지 (http://seoji.nl.go.kr)와 국가자료종합목록 구축시스템(http://kolis-net.nl.go.kr)에서 이용하실수 있습니다.(CIP제어번호 : CIP2019045987)

우리시대 수필작가선 058

동심을 찾아서

박동조 수필집

수필세계사

프롤로그

어린 날로 떠나는 시간 여행

지난해 가을 즈음 고향에 갔을 때였다. 그날따라 공기에는 미세먼지 한 점 끼어있지 않았다. 밤이 되자 하늘에는 별이 총총했다. 놀랍게도 어릴 때 본 별들이 그 자리에 그대로 있었다. 어떤 별은 밝게 빛나고 어떤 별은 흐릿한 것까지 어린 날에 본 밤하늘과 똑같았다.

그날 밤, 별들로 수가 놓인 하늘을 보고도 무덤덤하게 서 있는 자신을 발견했다. 별을 세며 가슴 설레고, 살랑거리는 미풍에 감정이 춤을 추던 나는 어디로 사라지고, 나뭇등걸이 된 내가 서 있었다. 어떻게, 어릴 적 그대로인 하늘을 보고도 아무런 감동이 일지 않는지 도무지 자신을 이해할 수 없었다.

나는 곧 순전한 자아를 잃어버린 까닭에 나타나는 현상이라는 것을 깨달았다. 글을 쓰는 내게 메마른 감성은 말기 암 선고나 다름없었다. 그때 내린 처방이 어린 시절로 돌아가 보는 것이었다.

이 책의 전반부는 잃어버린 나를 찾아 떠난 시간 여행에서 건져온 일화들이다. 할머니가 되어 바라보는 어린 시절 내 모습은 우습고도 진지하다. 사실에 치중하여 기술하다 보니 문학의 덕목에서 한참 멀어지고 말았다. 깜냥이 허술한 탓이다. 굳이 변명하자면 어린 날의 자취를 따라가는 글쓰기는 주제나 구성, 은유나 상징을 대입할 여지가 없었다.

60년도 더 지난 이야기여서 책으로 엮을지 많이 망설였다. 문학성과 가독성이 떨어진다는 주위 분들의 만류도 있었다. 주저하고 재다가 많은 이야기를 옮겨오지 못했다.

후반부는 문예지에 기고한 글들을 모았다. 옛날과 현재가 혼재된 내용이 대부분이다. 어린 날의 나와 지금의 내가 연결되어 읽힐 수 있을지 의문이다.

그래도 책으로 엮으려고 용기를 낸 것은 나만의 얘기가 아닐 거라는 믿음에서다. 내가 어렸을 당시의 시골 어린이들은 소 먹이고, 꼴 베고, 동생 보는 일을 당연히 해야 하는 제 일인 줄 알았다.

이제는 백발이 성성해진 시간 속에 서 있을 그분들께 이 글을 바친다. 나의 기억이 그분들을 위로하는 추억을 부르는 마중물이 되기를 진심으로 소망한다.

2019년 입동무렵
박 동 조

제 1 부
날고 싶은 아이

프롤로그

날고 싶은 아이 13
맏딸 16
일곱 살 여름 일기 21
눈깔사탕 25
돈맹 29
밀주 32
주먹을 쥐다 37
거짓말 40
워리 43
애장산 46

제 2 부
오래된 이야기

오래된 이야기 53
어떤 사춘기 67
달밤 71
고자질 75
그 겨울의 전쟁 80
닭 도둑 85
불이야 89
새끼돼지 일곱 마리 93
계사당번 아이들과 군인아저씨 98
점심시간 102
소와 나 105

제 3 부
물소리

물소리 125

며느리 자랑 129

케렌시아 134

청복 140

짝퉁 얼굴 145

똥간 갤러리 150

목각장이의 유토피아 155

자가 수표 160

손녀와 할아버지 166

비눗방울 171

제 4 부
불빛

불빛 179
디디티 고考 184
제 눈 189
잔인한 봄날 194
이별 준비 198
영혼 없는 말 203
심야 버스 풍경 207
말 눈가리개 212
마수 217
귀뚜라미 장가보내기 221
보릿고개와 헬조선 227
목도리 도마뱀 232

에필로그

강지온 그림

제1부
날고 싶은 아이

날고 싶은 아이
맏딸
일곱 살 여름 일기
눈깔사탕
돈맹
밀주
주먹을 쥐다
거짓말
워리
애장산

조금 더 나이를 먹자 사람은 날개를 달아도 날지 못한다는 것을 알았다. 하지만, 나는 공중을 날아다녔다. 꿈속에서는 날개가 없어도 두 팔만 휘저으면 날 수 있었다. 나쁜 사람이나 무서운 짐승에 쫓길 때, 지붕 위로, 대나무 밭 위로, 때로는 시냇물 위로 훨훨 날아서 도망 다녔다. 나는 현실에서 이루지 못한 소원을 꿈속에서 이루었다.

날고 싶은 아이

사람은 왜 날지 못할까? 새는 훨훨 하늘을 날아다니는데.

일곱 살 무렵의 나는 그것이 늘 궁금했다. 사람은 날개가 없어 날지 못한다고 어머니가 대답해 주었지만, 나는 그 대답이 성에 차지 않았다. 날개를 만들어 달면 될 것을 왜 어른들은 그리하지 않는지 이해되지 않았다.

어느 날, 어른들은 다 일터로 나가고 한 살 아래 사촌 동생과 함께 집을 보고 놀았다. 우리 집은 유난히 축대가 높았다. 앞에서 보면 층층이 섬돌이 있어 이 층 집 같았다. 마루에서 마당 높이가 아이들 키로 서너 길은 족히 되었다. 어른들은 위험하다는 이유로 난간 근처에서 노는 것을 금했다. 어른들이 안 계신 그날은 마루 난간이 나의 놀이터가 되었다. 소꿉을 살다가 심심해진 나는 마루 난간의 끄트머리를 왔다 갔다 하며, "이봐라, 나는 이런 곳도 걸을 수 있다"라고 으스댔다. 동생은 무섭다며 난간 가까이는 오지도 않았다. 머시마가 겁도 많다고 약을 올려도 동생은 안쪽에서 꿈쩍하지 않았다.

난간에서 놀다가 문득 그곳에서 새처럼 날 수도 있겠다는 생각이 들었다. 그때는 헝겊조각도 귀할 때였다. 궁리 끝에 줄대를 덮어 둔 보를 끌어내려 두 귀를 허리에 맞대어 엉거주춤 묶었다.

"나는 날 수도 있다."라고 동생에게 말했다.

"누야, 떨어진다. 그라지 마라!" 동생이 울상을 지었다.

"아이다, 봐라! 날개가 있으면 날 수 있다." 그리고는 나머지 두 귀를 양 손으로 나눠 잡고 날개처럼 펼쳤다. 마루 난간에 서서 양팔을 벌리자 정말로 새가 된 기분이었다. 열심히 날갯짓을 하면 새처럼 공중을 날 것이라 믿었다. 나는 겁에 질려 울먹이는 동생을 뒤로 하고 새가 나무에서 발을 떼듯 난간을 박찼다.

발을 떼는 순간 탈파닥 소리와 함께 마당에 곤두박혔다. 입술이 깨지고 이마를 다쳤다. 그 일은 찰나에 일어났다. 나보다 동생이 더 크게 울었다.

동생은 일터에서 돌아온 어머니께 내가 한 행동을 낱낱이 일렀다. 어머니는 내가 다친 것은 뒷전인 채, "일곱 살이나 되는 가시나가 저 죽을 줄 모르고 얄망궂은 짓은 왜 하느냐"며 매를 들었다. 나는 매를 맞으면서도 옳은 날개가 되어주지 못한 보자기를 탓했다. '어른 만큼 크면 꼭 새의 날개와 똑같은 걸 만들어 날아보리라.' 주먹을 쥐었다.

　조금 더 나이를 먹자 사람은 날개를 달아도 날지 못한다는 것을 알았다. 하지만, 나는 공중을 날아다녔다. 꿈속에서는 날개가 없어도 두 팔만 휘저으면 날 수 있었다. 나쁜 사람이나 무서운 짐승에 쫓길 때, 지붕 위로, 대나무 밭 위로, 때로는 시냇물 위로 훨훨 날아서 도망 다녔다. 나는 현실에서 이루지 못한 소원을 꿈속에서 이루었다.

맏딸

―석삼년

 나는 맏딸로 태어났다. 위로 두 오빠를 두고 태어났으나 딸이라는 이유로 썩 환영은 받지 못했다. 남아선호 사상이 풍선같이 부풀어 있던 시기여서 어머니는 나를 낳고 눈치가 보여 사흘 만에 일어나 밥을 지었다. 내가 울지 않는 아기였던 게 어머니에게는 다행이기도 했지만, 제때에 젖을 먹이지 못해 속상하는 이유가 되기도 했다.
 이모작을 했던 옛날에는 유월에 모내기를 했다. '모내기 때는 송장도 일어나 일을 한다.'는 속담이 있다. 그만큼 바쁘다는 뜻이다. 어머니는 백날이 채 안 된 나를 떼어놓고 품앗이에 나섰다. 다 큰 시누이가 둘이나 있으니 아기가 굶을까, 걱정은 안

했다.

　점심때가 되어도 아기는 나타나지 않았다. 가족의 등에 업혀 젖을 먹으러 오는 다른 아기들을 바라보는 어머니의 심정은 까맣게 탔다. 모내기하는 내내 혹시나 아기를 업은 시누이가 오는지 고개를 들 때마다 논둑 너머 길목을 수없이 바라보았다. 아기를 기다리는 어머니의 앞가슴은 흘러내린 젖으로 축축했다. 그 해에 아기는 모내기철이 끝나기까지 종일을 쫄쫄 굶었다.

　어머니가 하루 일을 끝내고 허겁지겁 숨이 차서 달려와 보면 아기는 엄지손가락을 쪽쪽 빨고 있었다. 하도 빨아서 반대편 엄지보다 가늘었다. 고모들은 "아기가 울지 않아서 젖 먹이러 안 갔다."라고 얼러방쳤지만 시누이에게 따질 만큼 어머니는 대차지 못했다. 핏덩어리 손녀가 종일을 굶어도 딸들을 나무라지 않는 시어머니에 대한 섭섭함이 어머니의 가슴에 켜를 이루었다. 그래도 어머니는 원망하는 말 한마디 하지 못했다.

　갓난쟁이 딸을 굶겨가며 견디어낸 어머니의 시집살이를 생각해본다. 오죽하면 '시집살이 석 삼 년'이라는 말이 생겨났을까, 장님 삼 년, 귀머거리 삼 년, 벙어리 삼 년을 거쳐야 비로소 보고 들은 것을 말할 수 있었다는 그 시절 며느리들 얘기는 현대에 이르러 역사의 뒤안길로 사라지는 중이다. 내 나이 세대가 모두 흙으로 돌아가고 나면 책에서나 나오는 옛날 얘기로 남을 것이다.

바야흐로 눈과 귀와 입을 찾은 며느리들 만세다.

―동생을 업고

초등학교 2학년 때였다. 동생을 업고 학교에 갔다. 어머니가 나물을 캐러 가야 하는데 동생을 맡길 마땅한 사람이 없었기 때문이다.

모자라는 식량을 나물로 대신하지 않으면 보릿고개 넘기가 힘들 때였다. 당시의 보릿고개는 어느 집에나 닥치는 봄의 통과의례여서 그냥저냥 산다는 우리 집도 예외가 아니었다. 산나물을 캐기 위해서는 도시락을 싸서 이십 리 밖에 있는 깊은 산골까지 가야 했다.

동생을 업고 학교에 가자 아이들이 신기한 듯 쳐다보았다. 농번기가 되면 아기를 본다고 결석하는 학생이 간혹 있기는 했지만, 나처럼 아기를 업고 학교에 오는 아이는 없었다.

등에서 새근새근 잠을 자던 동생이 수업이 시작되고부터 칭얼대기 시작했다. 달래려고 갖은 애를 썼지만 그럴수록 동생은 더 보챘다. 젖 먹을 시간이 지난 탓에 배가 고팠던 동생은 눈물 콧물 쏟아내며 악을 쓰고 울었다. 등허리는 내가 흘린 땀과 아기가 눈 오줌으로 척척했다. 공부가 제대로 될 리 없었다.

선생님께서 아기를 데리고 밖으로 나가라고 했다. 동생은 선생님의 채근을 알아듣기라도 한 듯 더 큰 소리로 울어댔다. 노는 것보다 공부가 더 좋았던 나는 수업에서 제외된다는 사실이 못내 슬펐다. 어쩔 수 없이 밖으로 나와 수업이 끝날 때까지 창문 너머로 칠판을 기웃거리며 동생을 달랬다. 제자리걸음으로 몸을 흔들며 아기를 어르랴, 칠판에 쓰인 글을 읽으랴, 마음이 분주했다. 지금의 내 얼굴 주름살 하나는 그날 생긴 것이 아닐까 싶다.

수업이 끝나 집에 돌아와도 도시락까지 준비해 간 어머니가 집에 있을 리는 만무했다. 나는 어른들이 하듯 내 몫의 밥을 꼭꼭 씹어 동생에게 먹였다. 해거름이 되어서야 어머니는 무거운 나물보퉁이를 이고 자라목이 되어 돌아왔다. 보퉁이를 마루에다 풀어 헤치자 뜨뜻한 기운이 후끈 올라왔다. 나물이 뜨지 않게 헤쳐 놓고서야 어머니는 돌처럼 단단하게 불어 있는 젖을 아기에게 물릴 수 있었다.

그날 밤, 동생은 물 같은 똥을 연달아 누었다. 나는 씹어 먹인 밥 때문이라고 생각했지만, 어머니는 불은 젖을 급한 마음에 그냥 먹여서라고 했다. 젖이 불었을 때는 얼마간 짜내버리고 먹여야 아기가 체하지 않는다는 것을 그때 알았다. 그날 밤 내내 어머니는 그 말을 되뇌며 당신을 탓했다.

일손이 달려 몸을 몇 쪽으로 내고 싶다고 노래를 삼았던 어머니에게 맏딸인 나는 진즉부터 의지하고 싶은 조력자였다. 층층시하인 시집살이에서 마음 놓고 손을 내밀 수 있는 대상도 당신의 속으로 낳은 자식이었다.

어머니의 고단한 시집살이를 보고 자라지 않았다면 내 유년의 기억은 진즉 지워졌을 것이다. 어린 날의 기억을 따라가다 보면 그 끝에는 대부분 어머니의 애면글면한 삶이 있다. 어머니가 겪어낸 인고의 삶은 어린 내 가슴에 가시로 박혔다. 그 가시는 세월이 흘러도 기억이 떠오르면 여전히 마음을 아프게 찌른다.

일곱 살 여름 일기

여름날 하오, 시골 마을은 태양의 열기로 절절 끓었다. 골목길을 어슬렁거리던 개들도 햇볕을 피해 그늘로 숨어들었다.

숨 쉬는 생물은 모두 불볕더위에 납작 기가 죽은 그날, 점심 식사를 끝낸 어른들은 왕왕거리는 매미 소리를 자장가 삼아 낮잠에 빠졌다. 일곱 살인 나도 마루에서 잠이 들었다. 오들오들 몸이 떨리는 한기에 눈을 떴다. 마당에는 하얀 눈이 소복했다. 짧은 순간 이가 딱딱 마주치는 오한으로 하얗게 쏟아지는 햇살을 눈이라고 착각했다.

한여름, 한낮에, 한숨 낮잠을 자고 일어난 내게 하루거리라는 병이 찾아왔다.

"야가 갑자기 와 이라노?" 하는 어머니 말에 나는 햇볕 때문에 아픈 거라고 대답했다. 어째서 그런 말을 했는지는 기억에 없다. 하루거리가 학질의 다른 이름이며, 모기가 옮기는 병이라는 사실을 안 것은 초등학교에서 익충과 해충을 공부하고 난 뒤였다.

하루거리는 열이 많이 오르고, 한기가 드는 데다 온몸에 통증을 가져온다. 가만히 있어도 땀이 줄줄 흘러내리는 무더운 날에 두꺼운 이불 두 개씩을 덮고도 오한으로 몸이 들썩거렸다. 어머니는 병이 낫는 약이라며 매일, 한 종지의 식초를 마시게 했다. 진저리를 쳐가며 몇 날을 마셔도 병세는 도무지 차도가 없었다.

이 하루거리라는 병은 이상해서 하루는 몹시 아프고 하루는 그럭저럭 견딜 만했다. 어른들이 일을 나간 뒤의 적막한 집에서 혼자 이불을 둘러쓰고 누워있으면 방바닥이 자꾸 꺼지는 것 같았다. 그럴 때는 방에서 나와 뙤약볕 아래 옹그리고 앉아 시간을 보냈다. 한참이 지나면 이불처럼 따뜻한 햇볕의 열기에 몸이 노글노글해지면서 잠이 왔다. 몸과 정신이 가물가물한 여러 날이 지나갔다.

어머니는 하루는 앓아눕고 하루는 우선한 내 증세를 '설마 괜찮아지겠지.' 라고 생각했을 것이다. '설마' 하는 사이 점점 기운을 잃어간 나는 아무 것도 먹지를 못했다. 그제야 어머니는 나를 둘러업고 내리쬐는 땡볕에 땀으로 맥질을 하며 면에서 한 곳뿐인 의원을 찾아 갔다.

사람들은 의원을 두고 말이 많았다. 군대에서 의무병을 하면서 익힌 기술로 의사질을 한다고 흉보았다. 주사 한 방으로 씻은 듯이 열을 내리게 한다며, 명의 대접을 하는 사람도 간혹 있었지만, 무면허로 의사 노릇 한다고 경찰에 잡혀갔다가 돈을 주고 풀려났다는 소문이 파다했다. 본처는 시부모 모시고 살게 하고, 자기는 오뉴월에 옷 갈아입듯 여자를 갈아치운다고도 했다.

어머니가 나를 일찍 의원에 데려가지 않은 이유였다. 이런 사실은 나이를 몇 살 더 먹은 뒤에 알았다. 그런데도 내 머릿속에는 마치 일곱 살 때 들은 걸로 저장돼 있다.

밖에서 바라본 의원집은 상비약을 파는 간이 약방이었다. 하지만, 의원의 안내를 받아 진열장처럼 꾸며진 덧문을 밀고 들어서자 의외의 풍경이 우리를 맞았다. 그곳은 의료용 기구와 주사약이 가지런히 진열되어 있는 미니 병원이었다. 이곳에서 난생처음 침대라는 곳에 누워 차가운 청진기가 기분 나쁘게 가슴 위를 돌아다니는 것을 경험했다. 팬티를 내리고 엉덩이에 주사를 맞아 본 것도 처음이었다. 의원에 가서는 주사를 맞고 집에서는 쓰디쓴 노란 금계랍(키니네)을 먹는 동안 나는 차차 기운을 회복했다.

가을을 부른다는 씨올매미가 사방에서 울어댈 무렵, 방학이 끝났다. 학교 다니는 아이들은 개학을 했다. 내 병도 웬만큼 나아서 가끔 집 밖으로 나가 시간을 보냈다.

하루는 정자나무 아래에 개미장이 섰다. 개미가 떼 지어 움직이는 것을 두고 개미장이라고 한다. 자세히 들여다보니 왕매미 한 마리를 개미들이 새까맣게 에워싸고 있었다. 왕매미가 하루거리 병에 걸려 힘이 없으니 개미에게 당하고 있는 거라는 생각이 들었다. 무섭고 소름끼쳤다.

배 한 쪽을 뭉텅 뜯기고도 목숨이 붙었는지 간간이 여섯 개 다리를 움찔거리는 매미 위로 쉴 새 없이 개미들이 오르내렸다. 얼마가 지나자 매미는 움찔거리지 않았다. 훅 불어온 바람이 날개를 들썩이자 그제야 개미들은 매미에게서 떠나갔다. 개미가 물러난 자리에는 매미의 날개만 바람에 나부꼈다.

오래도록 지켜본 그 광경은 사진처럼 뇌리에 박혀 지워지지 않았다. 하얀 햇살을 눈이 쌓였다고 착각했으며 하루거리를 햇볕 때문에 얻은 병이라고 알았던 그해 여름, 나는 돌팔이란 단어를 배웠고, 돌팔이 의사도 생명을 구할 수 있다는 것을 몸으로 체험했다.

매미도 하루거리 병을 앓는 줄 알았으며, 개미에게 낱낱이 뜯겨 끌려가는 한 마리 매미처럼 나 역시, 죽음에 이를 수 있는 존재라는 사실을 그해 여름이 끝나갈 즈음, 어렴풋이나마 깨달았다.

눈깔사탕

초등학교 일 학년 때의 가을 소풍날이었다. 집을 나서려는데 어머니가 부르셨다. 어머니는 내 손에 십 환을 꼭 쥐여 주면서, "오빠와 갈라 써라!" 일렀다. 용돈을 처음 받아보는 나는 한껏 기분이 좋았다.

학교에 가서 오빠를 찾았으나 운동장에 모인 전교생 무리에서 어디쯤에 오빠가 있는지 알 수 없었다. 오빠를 미처 찾기도 전에, 육 학년을 선두로 줄을 지어 소풍에 나섰다. 소풍 갈 장소는 우리 학교에서 십 리쯤의 거리에 있는 다른 면의 초등학교였다. 그날이 그 학교의 운동회 날이었다.

햇볕이 내리쬐는 구월의 날씨는 여름에 가까웠다. 우리는 우툴두툴한 자갈이 깔린 한길을 새떼처럼 재재거리며 걸어갔다. 가는 길 도중에 과자를 파는 가게가 나타났다. 아이들이 우르르 몰려갔다. 네모진 유리통에 알록달록한 과자가 종류별로 들어 있었다. 아이들 대부분이 눈깔사탕을 샀다. 천천히 녹여 먹으면 오래 간다고 했다.

나도 사탕이 먹고 싶었다. 그때까지 나는 사탕 맛을 몰랐다. 명절이나 제사 때 보기는 했었지만, 딸인 내 입 차례까지 오지 않았다. 6.25전쟁을 겪은 지 몇 년 되지 않은 그 무렵의 시골에서는 곡식을 시장에 내다 팔지 않으면 돈 구경을 못했다. 입치레할 양식이 부족한 판에 돈으로 바꿀 곡식이 흔할 리 없었다. 당연히 돈을 주고 사는 모든 물자가 귀한 대접을 받았다. 눈깔사탕 역시 특별한 날이 아니면 구경조차 못했다. 할머니는 제사상에 놓았던 사탕을 아껴두었다가 남자 형제에게만 주었다.

아이들을 따라 가게에는 들렸어도 선뜻 "사탕 주세요." 말은 나오지 않았다. 손안에 쥐고 있는 십 환은 오빠와 나눠 써야 할 돈이었다. 먹고 싶은 마음을 꾹 누르고 가게를 나와 걸음을 재촉했다. 사탕을 먹는 아이들을 보자 입에서 자꾸 침이 고였다. 한참을 걸어가자 허름한 작은 가게가 나타났다.

참새 떼가 곡식 널린 마당을 그냥 지나치지 않듯이 이번에도 아이들은 우르르 가게로 몰려갔다. 쾨쾨하고 먼지 쌓인 그곳에도 사탕이 있었다. 십 환에 눈깔사탕 두 개를 준다고 했다. 오빠에게 한 알을 주면 되겠다는 생각에 사탕을 사고 말았다. 당시는 종이가 귀했다. 가게 주인은 사탕 두 알을 봉지에 담기가 아까웠던지 손바닥에 놔 주었다.

  나는 지금까지도 그 맛을 잊을 수 없다. 굵은 설탕이 다닥다닥 붙어 있는 커다란 눈깔사탕을 입에 넣는 순간, 그 황홀한 맛이라니! 태어나 그런 맛은 처음이었다. 입 안 가득 넘치는 단맛은 그동안 먹어온 유과나 쌀을 튀겨 조청을 묻혀 만든 과자와는 비교가 되지 않았다. 사탕이 점점 작아지는 게 너무나 아까웠다. 아껴 먹으려 용을 써도 사탕은 입안에서 저절로 녹았다.

  소풍 간 학교는 우리 학교 절반 면적밖에 되지 않았다. 그런 곳에 학생보다 더 많은 주민과 우리 학교 전교생이 보태져 발 디딜 틈이 없었다. 그리 많은 사람을 보기는 처음이었다. 운동장 위로 만국기가 걸리고 함성과 박수 소리가 요란했다.

  선생님은 우리에게 나중에 모일 장소를 정해 준 뒤, 자유시간을 갖게 했다. 그제야 오빠를 찾아 나설 수 있었다. 손안에 쥔 사탕은 손바닥에 고이는 땀으로 자꾸만 녹았다. 반대편 손으로 사탕을 옮기고 손바닥에 묻은 단맛을 핥았다. 그러기를 반복하며 운동장을 몇 바퀴나 돌고서야 오빠를 만날 수 있었다. 사탕은 몸피가 절반으로 줄어 있었다.

  오빠에게 땀에 녹아 끈적이는 사탕을 내밀었다.

  "어머이가 십 환을 주면서 오빠랑 갈라 써라 캤는데 내가 고마 사탕을 사삐따." 며 울상을 지었다.

  "너 다 먹지, 뭐 할라꼬 찾아 댕겼노, 날씨도 더븐데!" 오빠가 다정한 목소리로 달래듯 말했다. 그리고 내가 내민 사탕을 받지 않았다. 내 눈에서 눈물이 핑 돌았다.

  나는 지금도 시골 장에 가면 눈깔사탕을 산다. 혹시나 어릴 때 그 맛을 간직한 사탕이 있을까 해서다. 내 혀가 이상해진 것일까? 아니면 사탕을 제조하는 기술 탓일까? 아쉽게도 첫 소풍 때 먹었던 황홀한 맛의 사탕은 다시는 먹어볼 수 없었다.

돈맹

초등학교 들어가기 전 어느 날, 고모부님이 우리 집에 오셨다. 고모부는 나보다 한 살 아래인 사촌 남동생에게는 백 환짜리 한 장을 주고 내게는 삼십 환을 주었다. 화폐개혁 이전이라서 돈의 단위가 원이 아닌 환일 때였다.

나는 내가 누나이니 석 장을 주고 동생에게는 한 장을 주었나 보다 하고 기분이 좋았다. 동생이 악착같이 우겼다. 내가 가진 십 환짜리는 열 장이 있어야 자기가 갖고 있는 한 장만큼 된다고 했다. 나도 지지 않고 우겼다. 내 것 석 장을 가지런히 펴서 이어 보이며 동생 것인 한 장보다 면적이 넓다는 것을 증명해 보였다. 동생은 코웃음을 쳤다.

내가 많으니 네가 적으니 다투다가 종래 치고받고 싸움이 붙었다. 어른들이 내가 가진 석 장이 동생의 한 장보다 적다고 판

결을 해 주었지만, 그때도 나는 이해할 수 없었다. 숫자 공부도 하기 전이었고, 돈을 써 본 적이 없는 내게 돈은 종이일 뿐이었다. 종이를 면적으로 계산한 내 셈법은 결코 틀리지 않았다고, 동생과 어른들이 틀렸다고 마음속으로 굳게 다졌다.

초등학교 입학을 하고 난 며칠 뒤, 오 학년인 오빠의 교실을 찾아갔다. 내 손에는 오 환짜리 종이돈이 들려 있었다. 오빠를 보자 오 환으로 사야 할 것들을 들먹이며 손가락을 꼽았다.

"오빠, 이 돈으로 공책도 사고, 지우개도 사고, 필통도 사고, 연필도 사고……."

순간 교실이 웃음바다로 변했다. 어떤 오빠들은 책상을 두들기며 웃어댔다. 나는 모두가 왜 웃는지 알 수가 없었다. 당황한 오빠가 오 환으로는 공책 한 권밖에 살 수 없다고 설명을 해 주어 웃는 이유를 알았다.

무안하고 부끄러웠지만 이미 엎질러진 물이었다. 그 뒤부터 오빠의 친구들은 졸업할 때까지 나만 보면 공책도 사고, 지우개도 사고, 필통도 샀느냐고 녹음기 틀듯 나를 놀렸다.

당시의 물가를 기억나는 대로 적어 보면 큰 눈깔사탕 한 개가 오 환, 지우개가 오 환, 연필이 십 환이었다. 오 환 했던 공책은 32절지 마카오지로 아홉 매였다. 모조지로 된 공책은 값이 배나 비쌌다. 양철로 된 필통은 가져 본 적이 없어 값을 기억하지 못한다.

돈의 크기가 면적과 비례하지 않는다는 것을 알고 나서도 나는 돈의 중요성을 별로 깨닫지 못했다. 세뱃돈이나, 혹은 객지에서 오신 친척 어른으로부터 푼푼이 받은 돈을 단 한 번도 내가 써본 적이 없다. 어머니가 가져가 가계비에 보탰다. 어머니는 번번이 미안해했지만 왜 미안하다 하는지 알지 못했다.

나이가 고봉으로 차오른 지금도 돈에 대한 개념이 희박하다. 평생을 주식이나 부동산 같은 재테크에 곁눈질 한 번 해보지 않았다. 계를 든다거나 하는 일로 요령껏 돈을 불리지도 못했다. 이 나이가 되도록 적금을 한 번도 넣어보지 않았다.

어쩌다 집에 돈이 떨어지는 날은 모든 옷의 주머니를 턴다. 책갈피도 살핀다. 그러면 어김없이 만 원짜리나 천 원짜리 몇 장은 나오게 마련이다. 없으면 아끼고 있으면 쓰는 게 나의 돈 철학이다. 그래서일까, 돈이라는 놈이 영 나를 깔본다. 옛 어른들이 '돈에 발이 달렸다'고 하더니 내 손에 들어온 돈도 발이 달렸는지 죽으라고 바쁘게 도망을 간다.

※ 돈맹 : 돈의 쓰임을 제대로 모르거나 돈을 모으는 재주가 없는 사람을 일컫는 조어 (造語)

밀주

집에서 담그는 술은 무조건 단속 대상이던 시절이 있었다. 심지어 과일이나 약초로 담근 술도 단속 대상이었다. 나라에서는 양조장에서 제조한 막걸리를 사 먹도록 권장했지만, 대부분의 농가는 돈을 주고 사 먹을 형편이 못 되었다. 살림에 여유가 있는 집에서도 양조장 막걸리는 싱겁다거나 먹은 다음 머리가 아프다는 이유로 이용을 기피했다.

들판에서 일하는 농부에게 막걸리가 제2의 주식이나 마찬가지였다. 새참으로 먹는 막걸리 한 사발에 노고를 잊을 만큼 막걸리의 비중은 컸다. 농부들에게 막걸리는 기호품이 아니라 필수 음료였다. 그러다보니 농가에서는 온갖 방법을 동원하여 술을 빚었다. 정부는 정부대로 모자라는 식량의 원흉으로 막걸리를 지목했다. 그것이 밀주를 막기 위해 총력을 기울이는 명분이었다. 이면에는 모자라는 세수를 확보하려는 계산이 있었다.

며칠이 멀다고 밀주를 단속하는 사람들이 마을로 들이닥쳤다. 우리는 그들을 '술 뒤비는 사람'이라고 불렀다. '밀주 단속반'이라는 공식 명칭이 있었지만, 마을 사람 누구도 그렇게 부르는 것을 듣지 못했다.

동구 밖에 단속반원들이 떴다 하면 그 소식은 온 마을로 삽시간에 전해졌다. 소식을 전해들은 집에서는 누룩과 술을 감추느라 소리 없는 술렁임이 일어났다. 일순 마을에는 긴장감이 감돌았다. 기별꾼으로 뛰었던 우리들은 바깥의 동정을 살피는 쥐구멍의 쥐들처럼 작은 눈을 반짝이며 그들의 동태를 눈여겨 살폈다.

어느 해 여름이었다. '술 뒤비는 사람이 왔다'는 기별이 떴다. 우리 집 아랫방에서는 뽀글뽀글 술 익는 소리가 한창이었다. 어머니는 삼을 삼는 품앗이를 하러 가고 집에는 나와 숙모가 있었다. 놀란 숙모는 그 소식을 알리러 나를 어머니께 보냈다.

나는 단숨에 어머니에게로 내달았다. 마당에 들어서자마자 숨이 턱에 닿은 채 큰소리로 외쳤다.

"어머이! 술 뒤비는 사람 왔다!"

그때 작은방에서 삼을 삼던 아주머니들의 놀란 손사래가 내 눈에 꽂혔다. 동시에 문이 열려있는 큰방에서 남자의 바짓가랑이가 언뜻 보였다. 손짓하는 뜻을 알아차린 나는 쏜살같이 그

집의 왼편 뒤란으로 뛰어올랐다. 그곳에는 삼을 삼는 방으로 통하는 작은 쪽문이 있었다. 잽싸게 그 방으로 숨어들어 방구석에 납작 엎드렸다. 곧 낡은 담요가 나를 감쌌다. 그렇게 하기까지 이삼 초의 시간밖에 걸리지 않았다.

단속반원은 방금 그 아이가 누구의 딸이냐고 캐물었다. 아주머니들은 무슨 아이냐며 시치미를 뗐다.

"방금 소리 지르던 아이요, 분명히 이 방에 있을 거라, 빨리 대세요."

"참 아저씨도 생사람 잡네. 우리는 아무 소리도 몬 들었구마."

단속반원은 쉽게 물러나지 않았다. 오복조르듯 아이 엄마를 대라고 늑장을 부렸다. 납작 엎드린 내 온몸이 땀으로 흥건하게 젖었다. 더위보다 더 괴로운 것은 담요에서 풍기는 퀴퀴한 냄새였다. 청국장이나 술 담글 때 독을 감싸는 누더기 담요가 틀림없었다. 숨이 막히고 시간이 여삼추 같았다. 눈치를 챈 단속반원은 좀체 가지 않았다. 여자들로 꽉 들어찬 방이라 들어오지는 못하고 문밖에 서서 이제나저제나 나의 존재를 살피는 눈치였다. 그때 어떤 아주머니 입에서 노래가 흘러나왔다. 다른 아주머니들도 같이 합창을 했다.

"별들이 소곤대는 홍콩의 밤거리

나는 야 꿈을 꾸는 꽃 파는 아가씨……."

한 곡이 끝나면 다른 노래를 이어 불렀다. 아주머니들의 구성진 노래가 끝없이 이어졌다. 얼마의 시간이 흘렀을까. 어떤 아주머니가 갔다고 소곤거렸다. 앞에 낱말은 거두절미 했지만, 단속반원이 갔다는 뜻이라는 걸 담요를 뒤집어쓴 나도 알았다.

"또 오까?"

"설마 또 오겄나?"

"아이고, 오줌 누루바서 혼났네."

"나는 간이 오그라부터 삐따."

"일어나 보라카믄 우짜꼬 싶더라."

아주머니들의 왁자한 말소리, 웃음소리가 방안에 넘쳤다. 비로소 나를 씌웠던 담요가 벗겨졌다. 빛과 함께 들어온 광경에 눈을 의심했다. 아주머니들이 치마폭에서 아이를 낳듯 누룩 한 개씩을 끄집어냈다. 그 집에서 만든 누룩을 아주머니들의 치마폭에다 숨겼던 것이다.

당시, 밀주 단속반원들의 권력은 무소불위였다. 술이나 누룩을 찾아내기 위해 옷장을 비롯하여 온 집안을 뒤졌고, 심지어는 멀쩡한 마룻장을 뜯어내기도 했다. 재산상의 막대한 손해를 입어도 가타부타 항의를 못했다. 그런 단속반원도 여인들의 치맛자락은 차마 들칠 수 없었던 것이다.

그제야 어머니는 삼 삼는 일을 중단하고 부랴부랴 집으로 달려갔다. 나도 따라서 뛰었다. 그땐 이미, 우리 집의 술동이는 단속반원 손에 오라진 죄인이 되어 마당으로 끌려나와 있었다.

나를 어머니에게로 보낸 뒤, 숙모는 급한 마음에 술동이를 들고 대밭으로 숨어들어가 그 뒤로 에둘러 흐르는 도랑 구석에다 숨겨 놓았다. 대밭의 풀들이 숙모의 발걸음을 따라 한쪽으로 쓸려 드러누워 있었다. 단속반원들은 우리 집에 들어오자마자 선 길로 쓸려있는 풀을 줄줄 따라가서 술동이를 찾아냈다.

그들은 어머니에게 술동이를 머리에 이게 하고 앞장을 세워서 양조장으로 돌아갔다. 술동이는 벌금을 부과할 증거물이었다. 현물이 없으면 벌금을 부과할 수 없었다.

늘 그렇지만, 사건들 뒤에는 풍문이 무성하게 마련이다. 딱히 그 사건과 관계가 없더라도 유사한 사건의 결말에 대하여 이러쿵저러쿵 사후약방문의 소리가 많았다. 어떤 마을의 누구는 들킨 술동이를 이고가다 돌부리에 걸린 척 휘청거리다 다리 아래로 떨어뜨려 깨버렸다는 소문도 들렸고, 어떤 사람은 주소와 이름을 가짜로 알려주어 벌금을 물지 않아도 됐다고도 했다. 그런 소문이 들릴 때마다 어머니는 양조장까지 고이 술동이를 이고 가서 주소와 이름을 또박또박 적어 준 자신을 바보같이 느꼈다.

우여곡절을 수없이 겪으면서도 우리 집의 술 빚는 일은 계속됐다. 쌀 파동이 일어나고 안남미를 수입하는 지경에 이르자 정부에서는 양조장에서도 쌀 대신, 보리쌀이나 밀로만 술을 빚게 했다. 쌀 소비를 줄이기 위한 고육책이었다. 세수를 확보하려고 벌금제도도 강화했다. 밀주는 단속이 심해질 수밖에 없었다. 우리 집 술 빚기도 더 이상은 버티지를 못해 맥을 놓았다.

주먹을 쥐다

　그날은 유난스레 더웠다. 수업을 마치고 집으로 돌아오던 우리는 더위를 식히기 위해 시냇물 속으로 뛰어 들었다. 초등학교 삼 학년이었던 그때까지 나는 헤엄을 칠 줄 몰랐다. 개울 언저리 얕은 물에서 손바닥을 바닥에 짚고 엉금엉금 기는 가재헤엄을 하는 게 고작이었다. 나와는 달리 건너 마을 친구들은 깊은 곳도 두려워않는 물고기처럼 온 시냇물을 헤엄쳐 다녔다. 그런 친구들이 내 눈에는 무척 대단해 보였다. 반면, 허리께에 오는 물에서만 허우적이는 내 모습은 자신이 봐도 너무나 초라했다.

　장난기가 발동한 친구들이 바깥쪽에서 엉금거리며 놀고 있던 나를 물 가운데로 끌고 들어갔다. 무섭다며 발버둥을 쳐도 막무가내였다. 그리고는 사정없이 물속에다 밀어 넣었다. 버둥거리며 밖으로 머리를 빼면 다시 물속으로 밀어 넣었다. 나는 복어 배같이 배가 부풀어 오르도록 물을 먹었다. 그래도 친구들은 장난을 멈추지 않았다. 힘이 빠져 내 힘으로 고개를 들지 못하기에 이르고야 친구들은 깔깔거리며 물가로 나를 데려다 놓았다. 물을 토하고 기운을 차려 집으로 돌아오면서 '다시는 너희한테 물을 먹는 일은 없을 것이다' 라며 주먹을 쥐었다.

다음날부터 학교서 돌아오면 모든 틈을 동원하여 헤엄을 익혔다. 처음은 오빠가 시키는 대로 몸과 머리를 물속에 넣고 뜨는 연습부터 했다. 신기하게도 머리를 물 밖으로 내밀지 않으니 서려고만 하던 몸이 수평으로 떴다. 오빠는 다음에는 발로 물장구를 쳐보라고 했다. 물장구를 치자 몸이 앞으로 나갔다. 나는 그렇게 헤엄을 익혔다.

다시는 물속에 머리를 처박히며 물을 먹지 않겠다는 다짐은 밤낮없이 나를 강으로 내몰았다. 결심이 굳건하면 못할 일이 없었다. 그해 여름이 끝날 무렵, 나는 누구보다 멀리 헤엄쳐 갈 수 있게 되었다. 물장구를 치며 앞으로 나가는 수영을 개헤엄이라고 한다는 것도 그 무렵 알았다. 반듯하게 누워 치는 송장헤엄 실력도 남 못잖게 익혔다. 수영 실력이 늘자 모험심에 발동이 걸렸다.

우리 마을 앞에는 '갈미소'라는 이름을 가진 소沼가 있었다. 사시사철 검푸른 물이 빙글빙글 돌아서 바라만 보아도 무섬증이 드는 곳이었다. 누가 들었는지, 누가 보았는지도 모르는 설

화들이 사실처럼 떠돌아 다녔다. 부슬부슬 비가 오는 날에는 소복한 여인이 바위에 앉아 운다고 했다. 시집살이를 이기지 못하여 자살한 여자 귀신이 잘 생긴 남자를 유혹한다는 소문도 돌았다. 어른들은 빙빙 도는 물의 가운데 들어가면 명주실 세 꾸러미 깊이만큼 딸려 들어가서 영영 빠져나오지 못한다는 얘기까지 들려주며 소에서 물놀이 하는 것을 경계했다.

하지마라 하면 더 하고 싶은 게 아이들의 마음이다. 상급 학년 아이들은 어른들의 말을 귓등으로 흘렸다. 넓고 깊은 강을 이루고 있는 그곳에서 온갖 재주를 다 부렸다. 높은 바위 위서 첨벙첨벙 뛰어내리는가 하면 물이 빙빙 도는 가운데를 잠겼다가 솟구치기도 했다. 그런 오빠들이 부러웠다.

이듬해 여름, 나는 검푸른 소의 가운데를 예사로 뛰어 내리는 유일한 여자아이가 되었다. 손으로 코를 잡고 바위에서 뛰어 내리면 빙글빙글 도는 검푸른 물 가운데로 몸이 쑤욱 빨려 내려갔다. 발이 땅에 닿기도 전에 몸이 솟구쳐 올라 갈미소 밑바닥은 밟아보지 못했다.

어머니는 여름방학만 되면 물에서 사는 나를 보고 "가시나가 물을 좋아해서 어따 쓰나!"라고 걱정했지만, 날만 새면 물가로 내달리는 나의 발길을 붙들지는 못했다. 덕분에 더는 건너 마을 아이들에 붙들려 시냇물을 먹는 일은 일어나지 않았다.

거짓말

    열한 살 무렵의 어느 날 밤이었다. 자다가 생리적인 현상으로 잠에서 깼다. 방문을 열고 나가 마루에 놓아둔 요강 위에 앉았다. 그때였다. 마주 보이는 아래채의 뒤주 앞에서 뭔가가 어른거리다 뚝 멈췄다. 분명 사람이었다. 사람은 어둠 속에서 소리 하나 내지 않고 가만히 서 있었다. 내 눈에는 뒤주에서 나락을 훔치려다 행여나 들킬까 봐 숨죽인 동작처럼 보였다. 도둑이라는 생각이 들자 가슴이 뛰고, 사지가 경련을 일으킬 듯 벌벌 떨렸다. 마음과는 달리 누던 오줌을 멈출 수가 없었다.

    오줌을 다 누고서야 방으로 들어온 나는 도둑이 뒤따라와 덮칠세라 문고리를 꽉 쥐고 있는 힘을 다해 소리 질렀다. 도둑이야! 도둑이야! 겁결에 내지른 소리는 내 귀에도 알아듣지 못할 만큼 일그러져 들렸다. 삽시간에 네 개의 방문이 우당탕 열리고, 온 가족이 구르듯 뛰쳐나왔다. 어머니가 등잔에 불을 밝혔을 때 광 앞에 세워져 있는 비료 포대를 보았다. 도둑놈이 어디로 가더냐고 묻는 아버지 말씀에 얼떨결에 도랑 쪽으로 내뺐다고 대답했다.

아버지는 도둑을 잡겠다고 내가 가리키는 방향으로 내달았다. 도랑이 있는 쪽은 물을 길으러 다니는 우물길이기도 했지만, 동산으로 통하는 길이기도 했다. 아버지가 어둑한 동산 모롱이를 한바탕 돌고 왔을 때는 아침이 훤히 밝아오고 있었다. 도둑이 그새 어디로 내뺐는지 흔적이 없더라고 아버지는 숨이 차서 말했다.

나는 오금이 저리고 가슴이 두근거려 아무 말도 못 했다. 비료 포대가 왜 사람으로 보였을까? "잘못 봤어요."라고 정직하게 말했다면 이른 새벽 시간에 아버지가 숨을 몰아쉬며 동산 모롱이를 도는 일은 없었을 것이다. 다행히 어른들은 내가 지른 비명에 놀란 도둑이 허탕을 치고 도망을 갔다고 믿었다. 벼락이 떨어질까 봐 겁에 질려 있던 나는 가슴을 쓸어내렸다.

마음을 놓고 아침 밥솥에 불을 때고 있는데 어머니가 내 이마를 콕 쥐어박았다.

"요년아, 비료 포대 보고 도둑이라고 했지?"

다른 가족이 듣고 있지 않은 것이 천만다행이었다.

"어머이가 그거 우찌 알았노?"

"요년아! 내가 와 그걸 몰라!"

　나는 눈물을 찔끔거리며 깔깔대는 것으로 온 가족을 놀라게 한 죄를 얼러방쳤다. 비료포대를 도둑으로 착각했다는 걸 알고도 시치미를 뗀 죄, 새벽부터 아버지를 동산 모롱이까지 달음박질시킨 죄는 두고두고 가슴에다 감췄다. 그날 아침에 어머니와 내가 나눈 대화 내용은 훗날 내 입으로 발설하기까지 아무도 몰랐다.

워 리

워리는 내가 초등학생일 때, 우리 집에서 키웠던 개의 이름이다. 워리는 낯선 이가 집에 들면 멍멍 짖어 알려주는 초인종이었으며, 젖먹이 동생이 '응가'를 했을 때, 쏜살같이 달려와 말끔히 먹어 치우는 청소부였다. 쟁반 같은 보름달이 저 홀로 떠서 초가지붕을 환히 비출 때, 목청껏 '우우우' 노래를 불러 주는 가수이기도 했다.

목줄을 매어 놓고 키우지 않아서 친구 개들과 어울려 마을과 들판을 뛰어다니다가도 순찰을 하듯 집을 한 번 돌아보고 다시 나가 놀았다. 때로는 건넛마을까지 원정을 갈 때도 있었다. 이 워리에게 내가 도움을 받는 일이 생겼다.

하루는 어머니가 나를 불러 윗마을에 사는 남술아주머니에게 빌려드린 돈을 받아오라는 심부름을 보냈다. 돈을 받아 집으로 돌아오다 장난기에 발동이 걸렸다. 어머니를 골려줘야겠다는 생각으로 치마를 걷고 팬티의 허리춤 단을 접어 그곳에다 손에 쥐고 오던 돈을 감췄다.

당시 시골의 여자아이들 입성은 치마와 저고리가 대부분이었다. 치마와 저고리에 주머니가 따로 있을 리 만무했다. 아이들은 곧잘 팬티의 허리춤 단을 접어 주머니의 용도로 사용했다. 그곳에다 먹을 것을 꿍쳐와 친구들과 나눠 먹은 아이들도 있었다. 나도 마찬가지였다.

집에 돌아와 돈을 받아오지 못했다고 어머니께 말했다.

"아니, 준다고 너를 보내라고 했는데?" 어머니가 고개를 갸웃거리고 내 눈을 바라봤다. 나는 손바닥을 활짝 펴 보이며 정말이라고 말했다. 아마도 내 눈은 그때 웃고 있었을 것이다. 어머니를 골려준 것에 신이 난 나는 깔깔거리며 돈을 꺼내려고 치마를 올렸다.

무슨 일인지 허리춤의 고무줄 단은 펴져 있었고 돈은 간 곳이 없었다. 나는 깜짝 놀라 울상을 지으며 사실대로 얘기했다. 그리고는 돈을 찾아오겠다며 왔던 길을 더듬어 되돌아갔다. 가며 오며 바늘이라도 찾을 듯 눈을 흡떴지만, 돈은 어디로 갔는지 흔적이 없었다.

풀이 죽어 돌아온 내게 어머니는 다시 찾아보라고, 돈을 찾지 못하면 집에 못 들어오는 줄 알라고 엄포를 놓았다. 나는 다시

골목을 샅샅이 훑으며 윗마을까지 왕복했지만, 돈을 찾지 못했다. 터덜터덜 집으로 돌아온 내게 어머니는 기어이 회초리를 들었다. 회초리를 들게 한 죄목도 몇 가지나 되었다. 어른을 골린 죄에다, 가시나가 부끄러운 줄도 모르고 치마를 걷어 팬티 고무줄 단을 까뒤집은 죄도 추가되었다. 거기다 돈을 어디다 몰래 감추고 거짓말하는 거 아니냐고 따졌다.

그때는 이미 철이 들어서 거짓말이라는 말만 들어도 자존심이 상했다. 하늘이 알고, 땅이 알고, 뭣보다 자신이 안다는 말을 신조처럼 여기는 내게 어머니의 의심은 면도날이 되어 마음을 그었다. 나는 자신에게 부끄럽지 않으려고 노력하는 어린이였다. 장난할 때 말고는 누구를 속이는 거짓말은 하지 않았다. 소금에 절인 배추 꼴이 되어 매를 맞은 뒤, 아무도 없는 동산에 올라가 둥지 잃은 새처럼 소리 내어 우는 것으로 자존심을 달랬다.

집에 돌아온 내게 어머니는 겸연쩍은 표정으로 돈을 보여주었다. 워리가 물고 왔다고 했다. 돈에 묻은 나의 냄새를 기억하고 집으로 물고 온 워리가 그때는 개로 보이지 않았다. 어머니는 돈을 어디다 몰래 감춘 거 아니냐는 말을 예사로 했는지 몰라도 의심받은 나는 상처를 입었다. 그 상처를 워리가 단박에 낫게 해 주었다. 어머니는 때린 것을 미안해하면서도 앞으로는 팬티 고무줄 단을 까뒤집지 말라는 말을 잊지 않았다.

애장산

고향 마을 뒷산 너머에 '애장산'이 있었다. 죽은 아이들이 묻혀있어 '애장산'이라는 이름을 얻었다. 붉은 비알에 드문드문 돌무더기만 보였던 산이 이제는 나무와 가시덤불 천지가 되었다. 성못길로 보이는 외줄 여읜 길이 아니었다면 내 집 마당처럼 뛰놀았던 뒷동산을 한 걸음도 밟아보지 못했을 것이다. 눈으로 덤불을 헤치니 비로소 세월에 삭은 돌멩이들이 '나 여기 있소' 하며 삐쭉 모습을 드러낸다.

사춘기 시절, 마음이 울적해지면 이곳을 찾아오곤 했다. 바람이 골짝을 내닫는 소리를 들으며 아기들의 돌무덤을 바라보고 있으면 거짓말처럼 마음이 고즈넉해졌다.

나무는커녕 풀도 드물었던 황량했던 이곳에다 사람들은 왜 어린 주검들을 장사지냈을까. 돌이 많아 무덤을 만들기가 손쉬운 이유만은 아니었을 것이다. 어쩌면 한스러울 어린 영혼이 세상으로 나오지 못하도록 가풀막진 이곳에다 장사지내고 돌로 꾹꾹 다져 눌러놓았을지 모른다.

내가 태어난 해에 우리 마을에는 열한 명의 아기가 태어났다. 그러나 살아남아 어른이 된 친구는 네 명이었다. 세 살 때 천연두가 퍼져 일곱 명이 죽었다. 예방주사가 제대로 보급되기 전인 옛날에는 천연두, 홍역, 볼거리 같은 전염병이 돌 때마다 많은 어린아이가 목숨을 잃었다. 그 아이들도 이곳에 잠들었다. 동무라고 손 한 번 잡아보지 못했으니 영혼인들 나를 알아볼까.

내 나이 대여섯 살 무렵이었다. 숙모가 돌잡이 아기인 사촌동생과 함께 우리 집에 머물렀다. 아기가 아주 많이 아팠다. 열이 올랐다 내렸다 했으며 '경기'를 거듭했다. 그때마다 어른들도 목소리를 높였다 낮추었다 했다. 집안 가득 섬뜩한 기운이 감돌았다.

어머니와 할머니는 숟가락에다 '영사'라는 가루약을 물에 개어 아기의 입에 흘려 넣었다. 아기의 입에서는 삼키지 못한 붉은 영사 물이 피처럼 볼을 타고 흘러내렸다. 그럴 때마다 숙모의 눈에서는 눈물이 흘렀다. 단골무당을 불러 윗목에다 물을 떠 놓고 바가지를 두들기며 굿을 해봐도 아기는 도무지 차도가 없었다.

그날 밤은 달이 유난히 밝았다. 먼 산에서 부엉이가 목이 쉬도록 울었다. 어른들이 아기가 갔다고 했다. 아기는 누워 있는데 왜 갔다고 하는지 알 수 없었다. '작은방에서 꼼짝하지 말라'는 어른들의 말에 자는 척 누워 있었지만, 내 귀는 연신 바깥쪽을 향해 쫑긋거렸다.

큰방과 마루를 오가는 어른들의 옷자락 스치는 소리, 웅성거리는 목소리가 바빴다. 소리는 섬돌로 옮겨갔다. 남자 어른들의 두런대는 소리가 숙모의 긴 울음에 섞였다. 커다랗게 울리는 발걸음소리가 멀어지자 숙모의 울음은 더 높아지고 더 길어졌다. 길고 긴 울음소리는 달빛을 타고 사방으로 퍼졌다. 내 눈에도 까닭 모를 눈물이 흘렀다.

아침에 일어났을 때, 큰방에 누워있어야 할 동생이 보이지 않았다. 아기가 죽으면 이튿날로 미루지 않고, 촌음을 다퉈 매장하는 오랜 풍습 때문이었다. 나는 그 사실을 철이 든 훗날에야 알았다.

사촌 동생도 물동이에 담겨 부엉이의 울음과 푸른 달빛의 조문을 받으며 이곳에 묻혔을 것이다. 아저씨들은 땅을 고르고 발로 다진 다음 돌멩이를 얹어 아기의 무덤임을 표시했으리라. 아기가 묻힌 곳은 장사를 지낸 사람 말고는 그 누구도 알지 못했다. 바람과 구름과 햇볕이 무덤을 찾아와 놀아주었을 뿐, 들꽃한 송이 바치는 이 없었고 발걸음 하나 머물다 간 적 없었다. 숙모 역시 이곳을 찾지 않고 돌아가셨다. '부모는 죽으면 땅에 묻고, 자식은 죽으면 가슴에 묻는다.'는 말이 있듯이 숙모도 동생을 못내 가슴에 품고 살다가 세상을 떠났다.

 이제, 애장산의 얘기는 전설이 되었다. 묘지를 덮었던 돌무더기에도 소나무, 아카시아, 졸참나무가 우거졌다. 아기의 무덤을 지키던 돌들은 풍화의 시간을 여행 중이다. 세월의 이끼를 켜켜이 둘러쓴 돌멩이들 위로 먼먼 시간이 쌓이고 나면 이곳이 어린 영혼들의 안식처였다는 사실조차 사람들의 뇌리에서 지워질 것이다.

강서영 그림

제 2 부

오래된 이야기

오래된 이야기
어떤 사춘기
달밤
고자질
그 겨울의 전쟁
닭 도둑
불이야
새끼돼지 일곱 마리
계사당번 아이들과 군인아저씨
점심시간
소와 나

전쟁이 일어나고 휴전이 된 시기에 나는 아직 비교가치를 모르는 어린아이였다. 전쟁은 들은 소리로, 혹은 어린아이 눈에 비친 소소한 풍경으로 기억할 뿐이다. 돌이켜보면 내 유년의 의식 주에 전쟁이 미친 파고는 너무나 컸다. 이런 사실조차 판단력이 생길 만큼 자란 뒤에 추억을 통해서 깨달았다.

오래된 이야기

    6.25 한국전쟁을 잘 모른다고 대답한 중학생이 태반이라고 한다. 알고 있다 하더라도 북침이라는 아이들이 절반을 넘는다니 기막힐 일이다. 금을 그어 철책을 치고 남과 북이 따로따로 살아가는 마당에 전쟁이 완전히 끝났다고 생각하는 것은 어불성설이다. 언제 그 지독한 아픔이 재발할지는 누구도 모른다. 전쟁이 남긴 상처의 흔적도 다 사라진 게 아니다. 헤어진 가족과 두고 온 고향을 가슴으로만 그리워하는 것도 진행형이며, 남과 북의 대치 중인 이념이 알게 모르게 개개인의 삶에까지 영향을 미치는 것도 진행형이다.

    눈자라기를 겨우 면한 나이에 눈으로만 겪은 일들이 지금도 기억 속에 생생하다.

― 전사자의 아내

우리 마을에는 6.25전쟁에 희생된 전사자가 두 명 있었다. 영호 아재는 그중에 한 명이였다. 내 머리 속에는 아재가 입대하던 날 동구 밖 풍경이 흑백사진처럼 저장돼 있다.

깃발이 달린 장대를 든 청년들이 비장한 모습으로 서 있었다. 훗날에서야 그때의 깃발이 태극기라는 걸 알았다. 자오록이 구름 낀 하늘에서는 눈발이 흩날렸다. 마을의 어른들이 입대하는 아재에게 무사히 돌아오기를 비는 덕담을 하며 조금씩의 용돈을 건넸다. 아재의 가족들이 흑흑, 소리 내어 흐느끼자 배웅을 나온 마을 사람들이 덩달아 눈물 부조를 했다. 나는 어린 새댁이 어른들 뒤에 몸을 숨기고 소리 없이 우는 모습을 어머니의 치맛자락을 잡고 훔쳐보았다.

입대 영장을 받은 영호 아재 가족들은 제정신이 아니었다. 전쟁이 한창이라는 걸 입소문으로 들어 알고 있던 부모는 부랴부랴 아들의 혼인을 서둘렀다. 전쟁터에서 죽을지도 모르기에 대를 이을 후손을 남겨주기를 바랐다. 아들이 몽달귀신 되는 것을 면하게 해주려는 애틋한 마음도 한몫했다. 당시는 짝을 맺지 못하고 죽음에 이르면 사무치는 한으로 천당에 이르지 못하고 구천을 떠도는 원혼이 된다는 속설이 있었다. 사람들은 엊그제 혼례를 치른 새신랑이 신부의 얼굴을 익히기도 전에 입대를 한다며 안타까워했다.

얼마 지나지 않아 아재는 한 장의 전사 통지서가 되어 마을로 돌아왔다. 시신은 돌아오지 못했다. 당시 이장이었던 아버지는 그 소식을 아재의 가족들보다 먼저 알았다. 글자를 모르는 가족들에게 전사 통지서를 읽어줬기 때문이다.

아들의 사망 소식을 날벼락처럼 들어야 했던 가족들의 슬픔의 크기는 끊이지 않고 이어지는 애끓는 곡성으로 짐작할 수 있었다. 마을에서는 며칠 동안 빨래를 널지 않고, 머리를 감지 않은 것으로 전사자에 대한 예를 갖추었다.

아이를 갖지 못한 홀로 된 며느리는 시부모에게 계륵 같은 존재였다. 아직 나이가 어리니 팔자를 고쳐 살라는 말을 며느리에게 대놓고 했다. 어르고 달래도 며느리는 시부모님 모시고 수절하며 살겠노라며 꿈쩍하지 않았다. 하다하다 안되자, 어른들은 아예 보따리를 싸서 며느리의 등을 떠밀었다. 열여덟에 전사자의 미망인이 된 그녀는 남편의 삼년상이 끝나기도 전에 시댁에서 내몰렸다. 여인은 골목길을 떠나가며 목 놓아 울었다. 울음소리는 사람들의 가슴을 후비듯 처량해서 듣고만 있어도 저절로 눈물이 흘렀다.

그때는 일부종사—夫從事를 여자의 최고 덕목으로 꼽았다. 그녀를 맞은 친정아버지는 죽어도 시댁에서 죽어야 한다며 딸을 시부모께로 되돌려 보냈다. 친정과 시집을 탁구공처럼 오가던 여인은 어느 날인가 시집으로 돌아오지 않았다. 친정으로 갈 때마다 목이 메도록 통곡하면서 골목길을 나서던 청상의 미망인은 어떻게 되었을까!

헌 여자라는 이유로 아이 몇 달린 남자의 재취로 들어가 시난고난 한평생을 살았다고 들었다. 그것도 친정아버지를 여의고야 가능했다. 시어른들의 소망대로 유복자라도 낳았더라면 평생을 수절하며 살다가 시신도 없는 영호 아재의 무덤 옆에 나란히 묻혔을 것이다. 영호 아재 혼백은 지금 대전 현충원에 잠들어 있다.

- 군화 소리

저벅저벅 울리던 군화 소리를 잊지 못한다. 어느 날, 무장한 경찰들이 발자국 소리도 요란하게 우리 집으로 몰려왔다. 혹시나 마을 뒷산에 은신하고 있을지도 모르는 공비를 토벌하러 가던 중에 들른 전투경찰이었다는 건 훗날 알았다.

아버지는 마을의 이장이었다. 숙부는 지리산에서 공비를 토벌하다 부상당한 전력이 있는 경찰이었다. 두 형제분의 이력이 토벌대가 한 끼 끼니를 해결하기 위해 우리 집을 선택한 이유였을 것이다. 어머니는 졸지에 토벌대들의 밥을 지어야 했다. 마을의 아낙들이 소집되고, 이웃 집 밥상과 그릇들이 동원되었다. 소죽을 쑤는 가마솥이 밥 짓는 솥으로 둔갑했다. 마당에는 마을에서 징발한 여러 개의 멍석이 깔렸다.

어머니가 사람들 무리에서 얼쩡거리는 나를 데려다 방으로 들여보냈을 때, 열아홉 살, 고모는 홀로 방안 구석에서 오들오들 떨고 있었다. 그러는 고모가 무서워 나는 자꾸만 문을 열고 밖으로 나가려고 했다. 그럴 때마다 고모가 내 팔을 당겼다. 차츰 고모가 벌벌 떠는 것을 멈추었다. 어린 나도 의지가 되었던 게다.

왁자한 소리가 궁금해서 발돋움을 하고 밖을 내다보려 했지만 문구멍까지 키가 닿지 않았다. 고모가 나를 안아서 문구멍에다 눈을 맞추어 주었다. 내가 본 것은 마당 한가득 제복을 입은 남자들이 멍석에 앉아서 밥을 먹는 모습이었다. 저벅거리는 군화 소리를 내는 그들도 밥을 먹는다는 사실이 놀라웠다.

밥을 먹은 뒤 그들은 열을 지어 구령에 맞춰 팔을 흔들며 우리 집을 나갔다. 뒷산을 향하여 고샅을 지나는데 발걸음 소리가 마을을 뒤덮었다. 그때까지 박자에 맞춰 행군하는 소리를 들어본 적 없는 나는 가슴이 마구 뛰었다. 그날의 발자국 소리를 떠올리면 지금도 작은 전율이 인다.

―방공호

어릴 적, 우리 집 뒤란에는 조그만 굴이 있었다. 6.25 때 나라에서 방공호를 만들도록 독려한 결과물이었다. 그 굴은 단 한 번도 이름값을 못했다. 서너 사람이 앉으면 엉덩이만 겨우 가려줄 뿐, 이마 위로 하늘이 훤해 폭격은커녕 돌멩이 하나도 피할 수 없는 장소였다. 꼴은 그러해도 나라에서 인정한 방공호였다.

훗날 아버지가 들려준 내막은 이랬다. 굴을 파다 곡괭이 끝에 바위가 받쳐 옆으로도 아래로도 나가지가 않았다. 뒤란이 아닌 다른 곳을 여기저기 파보았으나, 집을 에둘러 도랑물이 흐르고 있어서인지 두어 자 깊이만 내려가도 지하수가 나왔다. 하는 수 없이 겉만 대충 형태를 갖춘 뒤 방공호가 완성되었다고 관에다 보고했다. 담당 관리는 직접 확인하는 절차를 생략한 채 이장이었던 아버지의 말을 믿고 방공호를 갖춘 명단에 우리 집 이름을 올렸다.

덕분에 우리 가족은 나라에서 인정한 방공호를 뒤란에 두고도 공습경보 사이렌이 울릴 때면 발에 도롱테가 달린 듯 작은집으로 내달렸다. 작은집은 산을 등 뒤에 지고 있는데다가, 언덕진 곳이 대나무 밭이어서 굴을 파기에는 천혜의 장소였다. 대나무는 뿌리를 밑으로 내리지 않고 옆으로 뻗는 특성이 있는 식물이다. 그런 조건들로 작은집은 제대로 된 방공호를 갖출 수 있었다. 여름철에 이곳에 들면 어둑하고 시원한 공기가 땀을 식혀주었다.

그때는 하루에도 몇 번씩, 뇌성벽력 같은 소리를 내지르며 비행기가 하늘을 가로질렀다. 어른들은 그때마다 방공호로 몸을 숨겨야 할지 갈등했다. 굉음을 내지르는 비행기가 어른들에게는 공포의 대상이었을지 몰라도 어린 우리에게는 신기함 자체였다.

오빠와 나는 밥을 먹다가도 비행기 소리가 들리면 후다닥 뛰쳐나와 하늘을 올려다보았다. 비행기가 지나간 자리에는 구름같이 몽글몽글한 기다란 꼬리가 생겼다. 오빠는 이걸 보고 비행기가 싼 오줌이라고 했다. 비행기 연료가 타면서 생기는 연기라는 걸 알지 못한 나는 오줌이 어떻게 하늘에 떠있을 수 있는지, 왜 부드러운 새털같이 보이는지가 궁금하여 목을 한껏 뒤로 젖히고 비행기 꼬리가 사라질 때까지 하늘을 올려다보곤 했다.

언제쯤부턴가 공습경보 사이렌이 울려도 우리 가족은 작은집 굴을 향해 뜀박질을 하지 않았다. 아마도 휴전이 진행되고 전쟁의 공포가 숙지근해진 즈음이었을 거라고 미루어 짐작한다. 일손이 바쁜 농부에게 오 리 밖에 있는 지서에서 울리는 사이렌 소리는 늑대가 나타났다고 거듭 외친 소년의 거짓말과 다르지 않았다.

나라가 안정되고부터 작은집 방공호는 애초에 목적한 쓰임새를 잃고 김치와 감자의 저장고로 쓰였다. 우리 집 방공호는 나와 마을 꼬마들의 소꿉장난 장소가 되어준 걸로 소임을 다했다.

―기피자

전쟁이 끝나고 몇 년이 지난 오십 년대 중반에도 군대에 가지 않으려는 사람이 더러 있었다. 그런 사람을 일러 '기피자'라고 했다. 전쟁 후라 군대에 가면 살아 돌아올까를 누구든 의심했다. 죽지는 않더라도 매를 맞아서 병신이 되어 온다는 소문도 파다했다. 그런 소문이 입대를 앞둔 청년이나 가족에게는 가슴 떨리는 공포였을 것이다.

군대를 가지 않기 위해 자신의 손가락을 도끼로 잘랐다는 사람도 있었고, 신체 검사장에서 자기 이름을 불러도 못들은 척했다는 사람도 있었다. 귀머거리 흉내를 내다가 검사관이 진짜인가 보자며 물렛가락으로 귀를 찔러 정말로 귀머거리가 되었다는 소문도 떠돌았다.

깊은 산속 절에는 으레 기피자 한두 명은 숨어 살았다. 요령껏 숨어 살다가 법적인 징병 나이를 넘기는 것이 죽는 거보다 낫다고 생각했다. 그러다 붙들리면 죄수가 감옥에 가듯 군대로 끌려갔다.

　권력이나 돈을 가진 사람 중에는 자식을 군대에 보내지 않으려고 백방으로 손을 쓰는 부모가 있었다. 낭패스러운 것은 주무 관청에 손을 써둔 담당자가 바뀌면 전에 애쓴 것이 도루묵이 된다는 사실이었다. 호미로 막은 일이 잘못되어 가래로 막아야 하는 경우가 수시로 생겼다. 오죽하면 기피자 아들을 두면 살림이 거덜난다는 소리가 있었을까.

　평화 시대인 요새도 군대에 가지 않으려고 갖은 수를 다하는 사람이 있다고 들었다. 하물며 전쟁이 끝난 지 엊그제인 마당에 금쪽같은 아들을 군대에 보내고 싶은 부모는 없었을 것이다. 집을 팔고 논을 팔아서라도 피하고 싶은 게 군대였다.

　시댁의 작은아버님도 기피자였다. 시할아버지께서는 둘째 아들의 입대를 막으려고 논을 팔아 입막음으로 사용했다. 전쟁 때부터 병역의 의무를 요리조리 피해 살다가 1961년 12월부터 여섯 달 동안 국토사업단에서 일을 하고야 비로소 기피자의 굴레에서 벗어날 수 있었다. 운 좋게도 정부에서 임시방편으로 마련한 28세 이상의 기피자 구제책에 포함이 됐던 것이다.

　예나 지금이나 세상일은 복불복이다. 삼 년을 꼬박 무거운 군화 신고, 바람이 숭숭 드나드는 허술한 제복 입고 나라를 위하여 헌신한 장정들에 무색하게 작은아버님은 여섯 달 동안의 강제 노역으로 군 복무를 대체했으니 말이다. 그렇지만, 좋아할 일만은 아니었다. 대한민국 안에 있는 어떤 회사에서도 작은아 버님의 때 지난 청춘에 취업의 문을 열어주지 않았다. 한평생을 백수로 살다가 생을 마쳤으니 기피자의 대가는 톡톡히 치른 셈 이었다.

－상이용사

어린 시절 내가 가장 무서워했던 존재는 상이용사였다. 어른 들은 떼쓰고 우는 아이를 달래려면 "뚝! 상이용사가 잡아간다." 라고 으름장을 놓았다. 상이용사가 전쟁터에서 나라를 위해서 싸우다 부상을 당한 군인이었다는 것을 알기에는 나는 너무 어렸었다.

그들은 잘려나간 팔에 쇠갈고리를 끼고 구걸을 하러 다녔다. 둘씩 혹은 서너 명씩 뭉쳐 다니는 그들은 동냥을 적게 주면 신경질을 부리고 소리를 질러 사람들에게 겁을 주었다. 간혹은 없어진 다리에 끼고 다니던 버팀목을 빼어 휘두르는 사람도 있었다. 어른들도 상이용사를 두려워했다. 그들이 구걸을 하러 오면 동냥을 많이 주어 비위를 그슬리지 않으려고 애를 썼다.

현역 군인도 제대로 먹이고 입히지 못하는 가난한 나라에서 제대한 상이용사를 돌볼 여력이 있을 리 만무했다. 나라에서도 염치가 있었던지 '상이용사'를 증명하는 증을 만들어주었다. 나라를 위해 싸운 상이용사가 증을 내밀며 구걸을 해야 하는 서글픈 일이 공공연히 벌어졌다. 그들이 자신들을 냉대하는 사람을 만나면 치솟는 울분을 거침없이 쏟아냈던 것은 당연했는지 모른다.

 나중에는 가짜 상이용사까지 판을 쳤다. 성한 팔은 옷 안으로 감추고 빈 소맷자락을 펄럭이며 동냥을 달라고 큰소리쳤다. 동냥을 적게 주면 진짜 상이용사인 양 대놓고 욕설을 퍼붓고 떼를 썼다. 구걸을 끝내고 마을을 나갈 때는 멀쩡한 팔이나 다리로 둔갑하는 가짜들의 행패 때문에 진짜 상이용사가 두려움의 대상이 됐는지도 알 수 없다. 5.16을 거치면서 구걸하는 상이용사는 자취를 감췄다. 따라서 거짓 상이용사도 설자리를 잃었다.

— 삐라

 1950년대는 종이가 무척이나 귀했다. 시골은 벽에 도배를 하고 사는 집이 흔치 않았다. 우리 집도 예외가 아니어서 큰방에만 한지로 도배를 하고 나머지 방은 모두 회칠로 마무리한 흙벽이었다. 그런 벽을 종이로 치장하는 기회가 생겼다. 잠자리비행기라고 불리던 헬리콥터에서 뿌리는 전단 덕분이었다. 사람들은 전단을 삐라라고 했다.

잠자리비행기 소리에 밖으로 뛰쳐나와 하늘을 올려다보면 자우룩이 나는 메뚜기 떼처럼 하늘에서 삐라가 내려왔다. 그 광경은 마을의 아이들에게 신나는 놀이가 생겼다는 신호였다. 높은 공중에서 살포하는 종이가 목적지 겨냥이 제대로 될 리 없었다. 종이들은 산이나 들을 가리지 않고 내려앉았다. 오빠 또래 아이들은 삐라가 떨어진 방향으로 달려가 인쇄 기름 냄새가 풀풀 나는 종이를 한 움큼씩 주워왔다.

글자를 깨치기 전인 내게는 그냥 종이였던 삐라가 나라 안팎의 정세를 알려주는 유일한 정보지였다는 사실은 훗날 오빠를 통해 알았다. 당시, 시골에서 세상 돌아가는 소식을 아는 길은 소문이 유일했다. 그런 상황에 활자화된 소식이 미치는 파장은 클 수밖에 없었다.

오십 년대, 정부에서는 간첩에게 자수를 권고하는 수단으로도 삐라를 이용했다. 가끔씩, 공산당을 지지하는 내용이 담긴 삐라를 발견할 때도 있었다. 누군가가 은밀하게 가져다 놓은 것이었다. 그런 것은 줍는 즉시 지서로 가져가 어디서 어떻게 주웠는지 신고해야 했다.

삐라를 도배지로 이용한 건 우리 마을만이 아니었다. 그러니 전국에 뿌려진 전단지를 쌓았다면 큰 동산을 이루고도 남았을 것이다. 체제나 정책을 선전하기 위해, 간첩을 색출하기 위해 사용됐던 삐라가 흙벽을 가려주는 벽지로, 엽초를 마는 담배 종이로, 변소의 화장지로 요긴하게 쓰였으니 역사의 희비극이 따로 없다. 그때를 떠올리며 쓴웃음을 짓는다.

그 시절은 어딜 가나 먹을 것도 입을 것도 부족했다. 오직 가난만이 차고 넘쳤다. 사내아이들이 맨발에다 홀딱 벗고 여름 나는 것을 당연한 줄 알았다. 어머니가 물 한 그릇에 한 술 밥을 말아 후루룩 마시는 걸로 끼니를 에워도 배가 고프리라는 생각을 해보지 않았다. 삐삐나 진달래꽃으로 허기를 달래도 그게 가난의 몸짓인지도 몰랐다. 궁기가 입맛이라는 말은 헛말이 아니었다. 사카린 두어 알 풀어서 마신 냉수가 지금의 오렌지주스보다 더 맛있던 걸로 기억에 남아있다.

전쟁이 일어나고 휴전이 된 시기에 나는 아직 비교가치를 모르는 어린아이였다. 전쟁은 들은 소리로, 혹은 어린아이 눈에 비친 소소한 풍경으로 기억할 뿐이다. 돌이켜보면 내 유년의 의식주에 전쟁이 미친 파고는 너무나 컸다. 이런 사실조차 판단력이 생길 만큼 자란 뒤에 추억을 통해서 깨달았다. 내 기억에는 아버지, 어머니, 그리고 오빠에게서 들은 얘기가 혼재돼 있다. 어떤 것은 선명하고 어떤 것은 아련하다. 겪은 것과 들은 것의 차이일 것이다.

그 시절은 못 먹고 헐벗었지만, '상대적 박탈감'이니 '상대적 빈곤'이니 하는 단어가 없었다. 전쟁의 여파는 대부분의 국민을 가난으로 몰아넣어 먹는 것, 입는 것이 가난한 집이나 부자나 별반 차이가 없었다. 누구나 가난했고 누구나 힘들었다. 그러해도 개천에 사는 미꾸라지도 용이 되는 꿈을 꾸었으며, 노력하면 그 꿈이 이루어진다는 걸 의심하지 않았다. 그 꿈과 노력으로 세계에서 10위 권의 경제대국을 이루어냈다. 이 땅의 어르신들 만세다.

어떤 사춘기

열한 살이 저물어 가는 겨울날이었다. 수업을 마치고 집으로 돌아오는데,

"사람이 죽어 있다!" 외치는 소리가 들렸다. 우리는 한 마리가 뛰면 따라 뛰는 사슴 떼처럼 논둑을 타넘고 논을 가로질러 소리가 나는 쪽으로 우르르 달려갔다.

그곳에는 검푸른 얼굴빛의 한 남자가 언덕에 등을 기댄 채 고개를 옆으로 젖히고 눈을 감고 있었다. 그 모습이 흐르는 시냇물 소리를 듣다 잠이 든 것처럼 보였다. 바로 앞쪽은 개울이어서 허옇게 부풀어 오른 얼음 아래로 쿨렁쿨렁 물 흐르는 소리가 들렸다. 남자의 뻗은 다리 옆에는 농약병으로 보이는 작은 유리병이 넘어져 있었다. 그때 한 아이가 "무섭다"고 속삭였다. 그 말을 듣는 순간 머리끝이 쭈뼛거리는 무섬증이 몰려와 허겁지

겁 뛰어서 그곳을 벗어났다.

그날, 태어나 처음으로 사람이 죽어있는 모습을 보았다. 그건 충격이었다. 얼떨결에 마주친 주검은 미성숙한 내 정신세계를 흔들어 놓았다. 나도 언젠가는 죽을 거라는 것, 스스로 목숨을 끊을 수도 있는 존재라는 것을 깨달았다.

공부를 하려고 책상 앞에 앉으면 검푸른 주검이 불쑥 나타나 눈을 가렸다. 생각하지 않으려 도리질을 해도 내 의지로는 제어가 되지 않았다. 길을 걸을 때도, 아궁이 앞에 앉아 불을 땔 때도 주검이 떠올랐다. 결국은 죽을 텐데 왜 힘들게 살아야 하는지를 알 수 없었다. 노는 것이 유치하고, 공부가 시들했다. 철도 들기 전에 감성이 웃자란 나는 친구들과 어울려 보내는 시간보다 성인소설과 함께하는 시간이 길었다. 책 속에는 현실에서 얻지 못하는 삶과 죽음에 대한 얘기가 담겨 있었다.

오 학년 때, 우리 반은 당번을 정해 돌아가면서 학교 닭을 맡아 길렀다. 학교에서는 달걀 판 돈을 저축해 두었다가 졸업할 무렵 나눠 주었다. 예상치 않은 돈이 생긴 나는 서점으로 달려가 책을 샀다. 제목은 '죽음이 문을 두드릴 때'였다. 오로지 제목에 끌려 사게 된 그 책에는 세계의 위인들이 죽음을 앞두고 마지막으로 남긴 말이 수록되어 있었다. 돌이켜 생각하면 내용이 어떠하든, 초등학교를 막 졸업한 아이가 고를 책은 아니었다.

이상하게도 속상한 일이 생기면 불현듯 그 겨울에 마주친 주검이 떠올랐다. 그때마다 숨을 그만 쉬고 싶은 유혹이 일었다. 나는 나의 의지와 상관없이 세상에 왔지만 죽음만은 내 의지로 선택할 거라고 다짐했다.

중학생이 된 나는 점점 더 내면의 세계로 침잠해갔다. 염세에 젖는 감정을 어찌하지 못해 동산에 올라가 어둠에 잠긴 마을을 내려다보며 밤을 새기도 했다. 이슬에 젖은 축축한 몸은 집에 돌아와서도 쉬 잠들지 못했다. 이런 까닭으로 늘 감기를 달고 살았다. 그럴수록 집에서는 알아서 일을 하는 억척스러운 딸로, 학교에서는 대책 없는 왈가닥으로 행동했다.

선머슴같이 씩씩하고 명랑한 내 안에 염세의 숲이 우거진 것을 아는 이는 아무도 없었다. 철없던 시절에 우연히 목격한 주검에 성장기의 영혼을 사로잡혀 보낸 사실 또한 아무도 몰랐다. 어둠에 싸인 공동묘지를 유령처럼 방황한 것 역시 나만 아는 비밀이었다.

태어나 처음 본 대상에 애착을 갖고 따라다니는 동물이 있다더니 겨우 의식이 움트려는 나도 우연히 마주친 주검에 각인을 일으킨 것일까. 그것이 염세의 씨앗으로 내 마음에 심어진 게 아닐까. 그러지 않고는 한창 꿈에 부풀 사춘기의 나이에 삶과 죽음에의 의문으로 날밤을 샌 까닭을 설명할 길이 없다. 그런 내 의식에 변화를 일으킨 일이 생겼다.

마을 뒷산에는 아기가 죽으면 장사 지내는 애장터가 있었다.

아기 무덤은 잔디로 봉분을 짓는 어른 무덤과 달리 수십 개의 돌덩이를 봉긋하게 쌓아 표시로 삼았다. 그것은 아기의 원혼이 무덤 밖으로 나오는 걸 방비하기 위해서라고 했다. 어떤 것은 몇 덩이의 돌로 마무리한 작은 무덤도 있었다. 그런 무덤 안에는 엄마의 젖 한 번 빨지 못한 핏덩이 아기가 묻혀 있을 거라고 짐작했다.

그날 밤은 유난히도 달이 밝았다. 태어나 말도 배우기 전에 엄마 품을 이별한 아기들의 영혼이 돌덩이로 몸을 가리고 달빛 아래 누워 있었다. 키 작은 소나무의 검은 그림자들이 돌무덤을 지키는 병사들처럼 숨죽여 나를 지켜보았다. 바람에 사운거리는 풀잎들 소리가 아기들의 숨결처럼 가파르게 들려왔다.

그 광경은 내게 아기로 죽는 것과 어른이 되어 스스로 목숨을 끊는 죽음과의 차이를 생각하게 했다. 갓난아기의 울음은 생명을 지키려는 의지의 표현일 터였다.

달빛이 눈이 쌓인 것처럼 푸르게 내렸고, 부엉이 울음이 아기의 울음소리로 환치되던 그날 밤, 나는 죽음이 삶의 결과 값이 아니라는 것을 어렴풋이나마 깨달았다. 내가 고민하는, 왜 살아야 하는지를 모르는 삶이라는 여정이, 돌무더기 아래 누워있는 아이들에게는 지고한 절대의 소망일 거라는 데 생각이 미치자 부끄럽고 미안해서 고개를 들 수 없었다. 그때, 내 나이 열다섯이었다.

달밤

보름밤은 대낮같이 밝았다. 달이 밝은 밤이면 아이들은 가만히 잠들지 못하고, 마을회관 앞마당에 모여 밤이 이슥하도록 뛰어놀았다.

낮에는 학교에 가랴, 부모의 바쁜 일손 도우랴, 동무들과 어울려 논다는 건 어림없었다. 달이 없는 밤은 어둠이 족쇄가 되어 한 걸음도 집 밖으로 나가지 못했다.

가난과 일과 어른들의 간섭에 주눅 들어 있던 아이들에게 보름밤을 전후한 며칠은 아무의 눈치를 보지 않고 어울려 뛰노는 더없이 좋은 기회였다. 나 역시 누구보다 달의 유혹을 뿌리치지 못했다. 재미있는 책에 빠져있다가도 달빛이 서산을 비추기 시작하면 누가 불러내는 것처럼 엉덩이가 들썩였다.

달빛에는 마음을 설레게 하는 마력이 있었다. 밀물과 썰물이 달의 인력으로 생겨나는 것처럼 내 마음도 달의 지배를 받는 것 같았다. 달빛이 고즈넉이 내리는 마당에 서 있기만 해도 바람 부는 날의 나뭇가지처럼 감정이 춤을 추었다. 그런 날, 달빛은 내 안에 스며들어 나를 특별한 존재로 만들어놓았다. 한참 놀기 좋아하는 열한 살 계집아이에게 보름밤은 물고기가 만난 물과도 같았다.

아이들은 달빛 아래서 강강술래, 숨바꼭질, 말타기를 했다. 한 발로 서서 서로의 다리에 다리를 걸고 원을 지어 돌면서 손뼉 치며 노래하는 놀이도 있었다. 그럴 때는 깨금발로 뛸 때마다 달빛도 같이 출렁거렸다. 나는 달이 중천을 지나 서쪽으로 이울고, 이슬이 내려 옷이 꿉꿉해지고서야 집으로 돌아왔다.

그때를 회고하면 숨이 멎는 기분이다. 달빛을 타고 사방으로 울려 퍼지던 아이들의 청명한 합창 소리, 노래 끝에 간주곡처럼 이어지던 왁자한 웃음소리가 지금도 귓결에 들려오는 듯하다. 내 인생의 보석 같은 시절이었다.

그렇다고 꼭이 즐거운 놀이만 한 것은 아니었다. 웃고 노래하고 재재거리다가도 화내고, 소리 질렀다. 때로는 싸우고, 삐치기도 했지만, 시간이 흐르면 언제 그랬냐는 듯 다시 어울렸다. 밝은 달빛 아래서 야생마처럼 뛰놀았던 그 시절의 우리는 무구한 자연의 일부였다.

그날 밤도 둥근 달이 떴다. 낮 동안 보리타작을 했던 동청 마당에는 보릿짚이 온 사방에 쌓여 있었다. 보릿짚 더미는 허방 같아서 풀쩍 뛰어들면 미끄덩거리며 내려앉았다. 우리는 짚더미 위에서 풀쩍풀쩍 뛰기도 하고, 고삐 풀린 망아지처럼 온 마당을 뛰어다녔다. 자빠지거나 엎어지면 뻘떡 일어나 옷에 묻은 덤불을 털고 다시 뛰어놀았다.

그러다 남자아이 네 명과 발차기 싸움이 붙었다. 남자아이만 하는 거친 놀이를 여자아이인 내가 끼어들게 된 것이다. 발차기는 손을 쓰지 않는 것, 얼굴을 공격하지 않는 것 말고는 별다른 규칙이 없었다. 시간도, 장소도, 사람 수도 정해진 것이 없는, 오로지 상대편을 발로 차서 아프게 하는 것이 규칙이라면 규칙이었다.

남자아이들은 나를 혼내 주려고 작정한 것 같았다. 평소 남학생들은 왈가닥인 나를 아니꼽게 여겼다. 사소한 것에도 앙앙불락 다툼이 잦았다. 낮에는 기회가 없으니 달이 밝은 틈을 내어 드센 나의 기를 꺾어보려고 발차기에 나를 끌어들인 것 같았다.

나 혼자 네 명을 대적하기에는 절대로 불리했다. 그만두고 싶었지만, 그건 지는 것을 의미했다. 어쨌거나 놀이를 핑계로 걸어온 싸움이었다. 맞붙어 싸우는 것 말고는 방법이 없었다.

나는 내가 서 있는 위치가 아이들보다 높을 때만 공격했다. 조금이라도 불리해지면 내뺐다. 때로는 공격을 피해 숨기도 했다. 달밤의 그늘은 어둡고 깊어서 혼자 싸우는 내게 좋은 은신처가 되어 주었다. 남자아이들은 숫자만 믿고 아무 데서나 덤볐다. 아래쪽에서 대적하는 아이들은 위쪽에서 하는 작은 공격에도 넘어지고 굴렀다. 나는 온몸이 붕붕 나는 것만 같았다. 어디에서 그런 힘이 나오는지 알 수 없었다.

이튿날, 아이들을 보고 깜짝 놀랐다. 하나같이 깨지고 벗겨진 상처가 있었다. 모두가 어떻게 다쳤는지도 모른다고 했다. 불공평한 숫자의 대결이었지만, 내가 다치게 한 것은 틀림없었다. 나는 진심으로 미안하다고 말해 주었다.

아이들 싸움에는 승패를 가늠하는 나름의 잣대가 있다. 먼저 코피가 터지는 사람이 지는 것이며, 먼저 우는 사람이 또한 지는 것이다. 다친 곳이 먼저 생겨도 지는 것이다. 놀이도 마찬가지였다. 그날 밤, 사 대 일로 벌인 발차기 놀이는 한 군데도 다친 곳이 없는 내가 이긴 것으로 끝이 났다.

아무리 생각해도 그건 있을 수 없는 일이었다. 남자아이들이 봐줬거나 아니면 내게 힘을 준 절대적 존재가 있었거나 둘 중 하나였다. 남자애들이 봐준 것 같지는 않았다. 혹시 보름달의 기운을 받았던 건 아닐까? 그것 말고는 내가 이긴 까닭을 설명할 길이 없다.

고자질

내가 다닌 초등학교에서는 일 학년 때 반이 정해지면, 육 년 동안 내내 같은 얼굴의 친구들과 한 반을 이루어 공부하다 졸업했다. 담임선생님만 바뀐 셈이다. 그런 전통에 혼란이 오는 일이 생겼다.

육학년으로 올라가면서 이학년 때 선생님이 담임으로 오셨다. 우리는 와! 와! 소리까지 질러가며 좋아했다. 그 기쁨은 한 달을 채 가지 못했다. 선생님께서 다른 학교로 전근을 가셨다. 학년이 올라가기 전에 나야 할 인사이동이 학기가 진행되고 나서 이루어진 것이다. 교감 선생님이 대신 수업을 진행했지만, 아이들의 실망은 이만저만 아니었다.

교감 선생님과 같이 공부한 지 달포쯤 지났을까. 난데없이 우리 반이 2반에 합반이 되었다. 2반 선생님에, 2반 교실에, 마치

더부살이 온 것처럼 우리는 기가 죽었다. 팔십 명의 아이들이 시루 안의 콩나물처럼 빼곡히 앉아 공부하는 광경을 지금 아이들이 상상할 수 있을까? 그렇게 우리는 2반과 한 반이 되었지만, 떠난 선생님에 대한 그리움으로 새로운 반에 정을 주지 못했다.

어느 날, 수업을 끝내고 집으로 돌아오고 있는데, 같이 통학하는 친구가 노랫말이 적힌 쪽지를 건네주었다. 쪽지에는 지금의 담임선생님은 물러가고, 전근 가신 선생님은 돌아오라는 내용의 글이 적혀있었다. 쪽지를 준 친구는 남학생들이 차 선생님 돌아오라는 깃발을 흔들고 노래를 부르며 학교를 돌기로 했다는 말도 전했다.

집에 돌아와 오빠에게 쪽지를 보여주었다. 오빠는 맹랑한 아이들이라며 말이 안 되는 구절이 있다고 한 줄을 고쳐주었다. 오빠는 가사를 고쳐주면서도 "깃발을 들고 학교를 도는 일은 나쁜 짓이다"라고 일러주었다. 오빠의 말만 전하면 됐을 것을 고쳐 준 가사까지 친구에게 건넨 것이 그만 내가 노랫말 전부를 지은 아이로 지목되는 일이 생겼다.

당시는 4.19의 여파로 데모가 유행병처럼 퍼져 있었다. 그 노랫말도 그 시절 유행가였던 '유정천리' 가사를 패러디한 것이었다. 깃발을 들고 학교를 돌겠다는 말은 흐지부지되었지만, 그 가사의 노래가 아이들 사이에 일파만파로 퍼져나갔다. 심지어 우리 반이 아닌 아이들까지 교무실에 들리도록 일부러 큰소리로 노래를 불렀다.

사실 나는 그 노래를 부르지 않았다. 담임선생님은 큰고모의 시동생이었다. '황 선생님 물러나고 차 선생님 돌아오소.' 라는 구절이 든 노래를 고모의 조카인 나는 왠지 부르면 안 될 것 같았다. 나중에는 노래하는 아이들을 말리기에 이르렀다. 결국 사단이 일어났다. '황 선생님은 물러나라' 는 노랫말 존재가 담임선생님 귀에까지 들어갔다.

교실은 형틀만 없을 뿐이지 취조실 분위기가 역력했다. 지각대장이었던 내가 교실에 들어섰을 때는 모든 아이가 회초리를 맞고 모른다고 한 바람에 내게 혐의가 씌워진 뒤였다. 선생님이 그 자리에 없던 나를 가사 쓴 아이로 의심할 수밖에 없었다.

선생님의 매질이 시작되었다. 거의 정신을 잃을 만큼 온몸에 충격이 가해졌다. 나는 사실대로, 가사가 적힌 종이를 친구로부터 건네받고 한 줄을 고쳤노라고 말씀드렸다. 무슨 까닭인지 오빠가 고쳤다는 말은 할 수 없었다. 선생님은 "그러면 그 종이를 건네준 친구를 대라" 면서 매질을 했다. 학교 사택에 살던 사모님까지 아이를 안고 와서 서슬 어린 눈빛으로 노려보던 그때를 잊을 수가 없다.

나는 쪽지를 전해준 친구의 이름을 내 입으로는 말할 수 없다며 매를 맞았다. '사육신' 이라는 제목의 책을 읽으면서 '나는 절대로 고자질하는 사람은 되지 않겠다.'고 다짐했었다. 친구의 이름을 밝히면 나는 성삼문, 박팽년을 죽음에 이르게 한 김질 같은 나쁜 사람이 되는 것이라고 생각했다. 선생님의 노기 띤 매질은 내 결심을 허물지 못했다. 몽둥이가 부러져도 말을 하지 않자, 선생님은 오후에 다시 가사 쓴 사람을 찾아내겠다며 닦달을 멈추고 수업에 들어갔다.

수업 도중 내 팔과 다리가 오그라드는 일이 일어났다. 아무리 펴려고 해도 내 힘으로는 제어가 되지 않았다. 선생님이 대야에 물을 떠 와서 오그라진 팔다리를 주물렀다. 선생님의 온몸이 덜덜덜 떨고 있었다. 그때는 왜 떠시는지 까닭을 몰랐다. 세월이 지나고야 얼마나 놀랐으면 그리 떨었을까 선생님의 마음을 짐작했다.

주무르고 펴고 한 지 얼마의 시간이 지나자 나는 서서히 정상을 회복했다. 독한 마음과는 달리 극심한 매질에 몸이 경기를 일으켰다. 수업도 추달도 중단되고 말았다. 책보를 싸고 있는 내 곁으로 한 남학생이 다가와서 귀엣말로 말했다.

"네가 우리를 살렸다." 그 말에 대꾸를 하지 않았던 걸로 기억에 남아 있다.

집에 돌아오면서 내게 쪽지를 전했던 아이에게 물었다.

"왜, 네가 나한테 쪽지 줬다고 선생님께 말 안 했노?"

그 아이는 그제야 생각났다는 듯, 손뼉을 딱 치면서

"아참, 깜빡 이자뿌따!"라고 말했다. 가사를 쓴 남자아이도 내게 쪽지를 준 여자아이도 자신들의 행동을 그렇게 얼버무렸다.

덕분에 나는 영웅이 되었지만, 자신들 때문에 죽도를 매를 맞는 나를 빤히 보고서도 선뜻 "저인데요" 하고 나서지 않던 아이들에 대한 실망감은 오랫동안 마음에서 지워지지 않았다.

그 겨울의 전쟁

　쥐는 앞니가 계속 자라는 설치류 동물이다. 무언가를 쏠아서 자라는 이의 길이를 조절한다고 한다. 놈들이 이빨을 들이대면 남아나는 게 없었다. 옛날의 시골집들은 나무나 흙으로 지어서 쥐들의 침입에는 무방비였다.

　반찬을 넣어두는 찬장, 삶은 보리쌀을 담아서 시렁 위에 올려둔 바구니, 헛간에 쟁여둔 등겨 가마니까지 어디에나 놈들이 뚫어놓은 구멍이 있었다. 나락을 넣어두는 뒤주 벽의 한 구석은 아예 녀석들에게 내어주어야 했다. 그러니 애써 지은 농사로 쥐를 부양하는 꼴이었다. 쥐들은 번성했고, 사람들은 쥐와의 전쟁을 치르느라 여일이 없었다.

　흙을 이겨 구멍을 막으면 밤새 보란 듯이 다시 뚫어 놓았다. 밤송이로 막아도 그 옆에 또 다른 쥐구멍을 만드는 통에 대책이 없었다. 잠자는 방의 창호지문 역시 두 겹 세 겹으로 문종이를 발라도 놈들의 이빨에는 배겨나지 못했다.

문에 구멍을 뚫고 들어와 밤새 사각사각 옷장을 갉는 바람에 어머니와 나는 헛잠을 자야했다. 우리가 잠자는 작은방 문은 댓살 간격이 듬성듬성했다. 놈들은 댓살 간격이 좁은 큰방 문보다 작은방 문 뚫기를 더 좋아했다. 여차할 때, 넓은 구멍으로 쏜살같이 빠져나가는 것이 더 안전하다는 것을 알고 있는 것 같았다.

놈들이 방안에 들어와 머리맡에 있는 옷장을 쉬지 않고 갉아대면 어머니는 대기해둔 기다란 막대로 옷장 뒤를 들쑤셨다. 그럴 때마다 쥐는 반대편으로 뛰쳐나와 눈치껏 요리조리 도망을 다녔다. 어떤 때는 잠자는 동생들도 타넘었다. 나는 다듬잇방망이를 들고 쥐를 보면 금방 내려칠 듯 폼을 잡았지만 정작 가까이 왔을 때는 소리 지르며 도망하기 바빴다.

쥐는 좀체 밖으로 나가려 하지 않았다. 마치 우리를 놀리는 것처럼 방안을 뺑뺑이 돌다가 어머니와 내가 양쪽에서 몰이를 하면 그제야 제가 뚫어놓은 문구멍으로 달아났다.

한 번은 어머니에게 쫓기던 쥐가 팬티만 입은 나를 기어오르더니 배를 지나 가슴까지 타올랐다. 나는 순간, 죽을 것처럼 소리를 질렀다. 맨살을 쥐가 타오르니 졸도할 것 같았다. 어머니는 놀란 나를 달래기는커녕 "가시나가 어른들 잠 깨시게 소리를 지른다."고 꾸짖었다.

　얼마 안 있어 놈이 어머니의 치맛자락 끝을 물고 놓지를 않았다. 어머니가 비명을 지르며 필사적으로 치마를 털어댔지만 쥐는 대롱대롱 그네를 탈 뿐이었다. 금방 전에 나더러 소리를 지른다고 꾸짖던 어머니가 치마 끝을 물렸다고 "어마야, 어마야!" 비명을 질렀다. 그 모습이 진짜 웃겼다. 깔깔거리는 내 소리에 머쓱해진 어머니는 그제야 쥐가 매달려 대롱거리는 치맛자락을 멀찌감치 잡고 막대로 내리쳤다. 쥐는 한 대 얻어맞고야 물고 있던 치맛자락을 놓고 나 살려라 문구멍으로 도망을 쳤다.

　놈들은 우리가 잠든 줄을 귀신같이 알았다. 아침에 일어나 보면 양말로 틀어막은 문구멍 옆에 또 다른 구멍이 생겨나 있었다.

　그런 밤들이 계속되자 어머니는 쥐를 내쫓는 게 아니라 잡을 방법을 궁리했다. 방법이라는 게 나는 문밖에서 광목 자루의 주둥이를 쥐구멍에 대고 있고, 어머니는 방에서 쥐를 몰아내는 것이었다. 바깥에서 팬티 바람으로 매복을 하고 쥐가 빠져들기를 기다리고 있노라면 턱이 덜덜 떨렸다. 윗도리를 입지 않았다는 걸 이빨이 딱딱 마주쳐야 자각할 만큼 놈들은 우리의 정신을 홀랑 빼놓았다.

　도망을 치던 쥐가 죽음으로 가는 길인 줄도 모르고 자루 속으로 빠져들 때의 뭉클한 느낌은 머리털이 곤두서게 할 만큼 고약

했다. 자루 주둥이를 훔쳐 쥐고 있는 내가, 자루 안에서 버둥거리는 쥐보다 더 공포에 떨었다. 뭉클뭉클 버둥거리는 쥐를 놓치지 않으려고 젖 먹던 힘까지 동원하여 주머니를 움켜잡고 이를 악물었다.

문밖에서 내가 잡았다고 외치면 어머니가 내달아 나와 자루를 받아서 마룻바닥에다 힘주어 여러 번 내려쳤다. 죽은 쥐는 마당 구석에다 부려놓았다. 그해 겨울, 어머니와 나는 매일 밤 자루를 이용하여 쥐를 잡았다. 하룻저녁에 일곱 마리를 잡은 적도 있었다. 날이 밝아 쥐의 시체를 치우려고 보면 감쪽같이 사라진 놈이 가끔 있었다. 기절만 했던 쥐가 시간이 지나자 깨어나 도망을 가버렸던 것이다.

당시는 쥐잡기 강조 기간이 있었다. 나라에서 하는 쥐에 대한 선전포고였다. 곳곳에 쥐가 끼치는 폐해를 알리는 포스터가 나붙고 학생들은 가슴에다 '쥐잡기 강조 기간'이라고 쓰인 리본을 달았다. 규율 부원들이 교문에 서서 등교하는 학생들을 일일이 살펴 리본을 달지 않은 아이는 이름을 적었으며 이름이 적힌 아이는 청소를 하는 벌칙을 받기도 했다. 학생 하나마다 마리 수를 정하여 쥐를 잡아오라는 숙제가 주어지고 증거물로 쥐꼬리를 잘라오게 했다. 요즘 아이들은 상상도 못할 일을 우리는 숙제라고 하면서 자랐다.

아무리 열심히 쥐를 잡아도 학교서 가져오라는 숫자에는 턱

없이 모자랐다. 한 집에 학생이 두 셋이니 한 명에 다섯 마리의 쥐잡기가 숙제로 주어지면 적어도 한 가정에서 열 마리나 열다섯 마리의 쥐가 필요했다. 몇몇의 아이들은 우리 집에서 잡은 쥐의 꼬리로 숙제를 해결했다. 잡은 쥐 수가 숙제에 못 미치면 무 꽁지를 잘라서 마리 수를 채우는 아이도 있었다. 무 꽁지 껍질을 벗겨 축축하게 만든 다음 재를 묻히면 자세히 들여다보지 않고는 쥐꼬리와 구분할 수 없었다.

번성은 몰락으로 닿는 과정일지도 모른다. 그해 겨울, 쥐의 세력은 정말 대단했었다. 나라가 나서서 고민할 만큼 골칫거리였다. 결국 사람들은 '갖은 수'라는 칼을 빼들었다. 쥐약과 쥐덫이 동원되고, 고양이를 기르도록 장려했다. '갖은 수'는 쥐를 멸하지는 못했지만 번성의 꼭짓점에서 끌어내릴 수는 있었다. 어머니와 나도 광목 자루라는 병기로 쥐와의 전쟁에 한몫을 한 유공자였다.

닭 도둑

 오 학년 무렵, 책상 앞에 앉아 있는 내 귀에 꼬꼬댁거리는 닭의 울음이 들렸다. 읽던 책을 덮고 밖으로 나왔다.
 달빛이 휘영청 내려 마을은 대낮처럼 밝았다. 달빛이 밝은 만큼 낮게 드리운 초가들의 그림자는 검고 깊었다. 그곳에서 뭔가가 불쑥 튀어나올 것 같아 머리끝이 쭈뼛거렸다. 그새도 닭소리는 계속되었다. 마루에 서서 소리가 나는 방향을 가늠해 보았다. 앞집 건너에 있는 새말아주머니 집에서 여러 마리 닭이 일제히 꼬꼬댁거리는 게 심상치가 않았다. 우리 집의 닭을 서리꾼들에게 도둑맞은 지 한 주도 채 지나지 않았는데 또 닭을 훔치러 왔다는 생각이 들었다.
 얼른 신을 신고 이장 아저씨 집으로 향했다. 다른 방에 잠들어 있는 가족들을 깨울 생각은 안 하고 왜 굳이 골목을 외돌아

있는 이장 아저씨 집을 찾아갔을까? 지금도 그 까닭은 의문표로 남아있다. 아저씨 집에 가려면 도둑 든 집의 사립문 앞을 지나야 했다. 마음속에서 방망이질 소리가 들렸다. 도둑이 들을세라 발뒤축을 들고 발가락으로만 걸음의 중심을 잡고 살금살금 그 집 앞을 지나갔다.

이장 아저씨 집은 대문이 없었기에 곧바로 마당으로 들어가 가만가만 아저씨를 불렀다. 두 번 세 번 불러도 기척이 없어 방문을 두드렸다. 그제야 부스스 소리가 들리고 속옷만 입은 아저씨가 문을 열었다. 그때, 아저씨는 혼인을 치른 지 얼마지 않는 새신랑이었다. 나는 무서운 마음을 애써 감추고 새말아주머니 집에 닭 도둑이 들었다고 소리 죽여 말했다. 아저씨는 긴가민가 하다는 듯 고개를 갸웃거리더니, 어쨌거나 가보겠다고 했다.

마당에 서 있는 내 머리 위로 하얀 달빛이 폭포수처럼 쏟아졌다. 뒤란에 있는 대나무 잎들이 바람에 연방 서걱거렸다. 그 소리가 더욱 머리를 쭈뼛거리게 했다. 방에 불이 켜지고 옷을 입는 그림자가 창호지 문에 굼닐거리는 것을 보고서야 살금살금 되짚어 집으로 돌아왔다.

도둑 든 집을 지나올 때 죽을 듯 내지르는 닭의 비명이 들리다가 잠잠해졌다. 닭의 모가지를 비틀어 소리를 내지 못하게 한 것이라는 생각이 들자 누군가 꼭지를 당기는 것처럼 무섬증이 덮쳐왔다. 집에 돌아와서도 가슴이 떨려 잠이 오지 않았다.

이튿날, 학교에 가서도 아저씨가 도둑을 잡았는지가 내내 궁금했다. 어떻게 되었는지 알아보지 않고 학교에 온 것이 후회되었다. 도둑이 잡혔을 거라는 상상을 하면 내가 잡은 것처럼 가슴이 뛰기도 했다. 수업이 끝나기를 기다리려니 그날따라 시간은 더디게 흘렀다. 수업을 끝마치자마자 이장 아저씨 집으로 내달렸다.

소 우리에서 거름을 쳐내는 일을 하고 있던 아저씨는 나를 보자 빙긋빙긋 웃음을 날렸다. 숨을 색색거리며 도둑을 잡았느냐는 내 말에 아저씨는 기어이 배꼽을 잡고 웃어댔다. 아저씨의 설명은 이랬다.

군인이었던 새말아주머니 아들이 휴가를 나왔다. 몇 번이나 차를 갈아타가며 읍내에 있는 버스 정류장에 도착했을 때는 하루에 두 번 있는 차편이 이미 끊어진 뒤였다. 도리 없이 읍에서 집까지 이십 리 길을 걸었다. 이슥한 밤이 되어 도착한 집에는 배고픔을 해결할 찬밥 한 덩이 남아있지 않았다. 아주머니가 배고픈 아들을 위하여 부랴부랴 닭을 잡았던 것이다.

왜 나는 밥이 되지 않으려고 도망 다니는 닭소리를 도둑에게 잡히지 않으려고 지르는 비명으로 들었을까? 설혹 잘못 들었더라도 집안 식구를 먼저 깨웠더라면 현명한 나의 어머니는 어떤 상황인지 금방 알아차렸을 것이다. 먼 친척인 새신랑의 단잠을 깨우는 일도 없었을 것이다.

닭 도둑

이장 아저씨의 얘기를 듣고 간밤 내내 무섬증에 마음 졸였던 일이 무안하고 억울했다. 학교서 공부가 손에 잡히지 않아 하루를 공친 것도 속이 상했다. 아저씨는 그런 내 심정도 모르고, "동조 간이 어른보다 크다"며 소문을 냈다. 그 뒤로 나는 마을에서 간 큰 아이로 불렸다. 공연한 의심으로 이장 아저씨의 단잠을 깨운 그날 밤, 다리를 후들거릴 만큼 겁에 질린 사실은 내 가슴 깊은 곳에 비밀로 묻혔다.

불이야

중학생 시절의 나는 독서광이었다. 책 읽기에 빠져 밤을 꼴딱 새우기 일쑤였다. 그날 밤에도 영국 작가 샬롯 브론테가 지은 『제인 에어』를 읽느라 오밤중까지 책상 앞에 앉아 있었다. 남자 주인공인 로체스터의 미친 부인이 지하실에 불을 지르는 장면을 읽다가 오줌이 마려워 밖으로 나왔다.

공교롭게도 책의 내용이 머릿속에 꽉 차 있는 내 눈에 남서쪽 하늘을 벌겋게 물들이며 타오르는 불길이 보였다. 우리 집에서 남서쪽은 덕평 아저씨 집이 있는 방향이었다. 놀란 나는 마당으로 내달아 손나팔을 만들어 "불이야! 불이야! 덕평 아저씨 집에 불이야!"를 연거푸 외쳐댔다.

얼마나 소리를 크게 질렀으면 삽시간에 우리 집 가족이 잠에서 깬 것은 물론 삼이웃 어른들이 물을 풀 그릇을 들고 달려왔다. 우리 집 뒤, 대밭 너머에 사는 대구댁 아주머니는 대나무 사이로 훨훨 타는 불꽃이 보여 우리 집에 불이 난 줄 알고 양동이에 물을 담아서 헉헉거리며 뛰어왔다. 상황을 살펴 본 어른들은 불이 난 곳이 덕평 아저씨 집이 아니라 우리 마을에서 한참 떨어진 건넛마을이라고 했다. 밤에는 불빛을 보고 거리를 가늠하는 일이 어렵다는 사실을 그 밤에 알았다.

어머니가 집으로 돌아가려는 어른들을 붙들고 나섰다. "몇 년 전에 우리 마을에서 불이 났을 때 건넛마을 사람들이 달려와 도와줬으니 우리도 가서 불 끄는데 힘을 보태는 게 도리"라고 했다. 지금이야 불이 나면 소방차를 부르지만, 당시는 오로지 사람의 힘으로만 불을 껐다. 어머니의 말에 마을 사람들은 칠흑같이 어두운 밤길을 별빛에 의지하여 잰걸음을 쳤다. 나도 양동이나 자배기를 든 어른들 뒤를 따랐다. 마을을 벗어나 한길에 다다랐을 때였다. 어머니가 어둠에 가려진 수레에 걸려 와당탕 엎어졌다.

그러나 어머니는 아무 일 없다는 듯, 곧바로 일어나 다리를 건너고 논길을 지나 그 마을 앞에 다다르자 흐르는 농수로에서 물을 담아 불난 곳으로 달려갔다. 놀라운 건 우리 마을 사람들이 도착했을 때의 광경이었다. 불은 저 혼자 신이 나서 사방을 밝히며 타고 있는데 마을은 사람이 살지 않는 것처럼 고요했다. 불길이 윙윙거리며 솟구치는 소리, 맹렬히 짖어대는 몇 마리의 개 소리는 깊이 잠든 인적을 깨우지 못했다. 우리 마을 사람들이 "불이야!"를 외치고야 비로소 사람들이 잠에서 깨어나 몰려나왔다. 그중에는 속옷 차림인 남자도 있었다.

다행히 그 마을 앞에는 농수로가 있어 물 걱정은 없었다. 짧은 시간에 사람들은 줄을 지어 바통 넘기듯 물을 날라 불 속으로 끼얹었다. 그것은 불길과 사람의 전쟁이었다. 불길이 시뻘건 헛바닥을 날름거리며 위협하듯 솟구치는가 하면, 물벼락을 맞은 불길이 쉬이익 소리와 함께 시커먼 연기로 둔갑하기도 했다. 결국 불은 그 집의 아래채를 다 태우고야 기세를 꺾었다.

불길이 잦아들 무렵, 어머니는 끈적거리는 무언가가 신발 가득 느껴지면서 왼쪽 다리가 욱신거린다는 걸 자각했다. 불빛에 비춰본 다리는 온통 피투성이였다. 어머니는 놀란 사람들을 뒤로하고 다리를 절룩거리며 집으로 돌아왔다.

정강뼈를 다친 어머니는 한 달이 넘는 기간 동안 정상적인 걸음을 걷지 못했다. 건넛마을 사람들은 하마터면 큰불로 번질 뻔한 화재를 우리 마을 사람들 덕분에 막을 수 있었다고 고마워했다. 그 소리를 들은 마을 어른들은 호동댁 딸내미가 불이 난 걸 먼저 알고 소리를 지른 덕분이라고 말했다.

하지만, 다리를 절룩이는 어머니 모습을 바라볼 때면 내가 "불이야!"를 외쳐 다친 것만 같아 큰 화재를 막았다는 칭찬이 오히려 겸연쩍고 부끄러웠다. 오밤중인데도 다리를 다쳐가며 남의 마을까지 달려와 불을 끈 어머니의 이야기는 두고두고 건넛마을 사람들 입에 오르내렸다.

새끼돼지 일곱 마리

세상은 참 많이도 변했다. 돼지치기 형태도 많이 달라졌다. 지금은 기업형의 양돈업이 대부분이지만, 옛날 시골에서는 거의 한집마다 돼지를 길렀다. 설거지 한 구정물과 곡식에서 나오는 등겨로 기르는 돼지는 가축이자 가족이었다.

중학교 일 학년 때였다. 우리 집 돼지가 새끼를 낳은 지 이레 만에 갑자기 죽었다. 새우젓이 구정물에 섞여들었는지, 아니면 꿩을 잡을 때 쓰는 비상을 넣은 콩이 먹이에 딸려 들어갔는지 정확한 이유는 알 수 없었다. 돼지에게 '새우젓'은 극약이어서 먹으면 바로 즉사한다고 어른들이 말했다. '비상' 역시 사람도 죽게 하는 무서운 약이라고 했다. 이유를 모르니 추측이 분분했다.

어미는 마지막까지 새끼들에게 젖을 물리려고 했던지 젖통이 달린 허연 배를 위로 드러내고 옆으로 누워 죽었다. 그런 어미의 가슴에 일곱 마리 새끼가 줄지어 달라붙어 젖을 빨았다. 젖이 안 나와 소리를 꽥꽥 지르면서도 젖 빠는 동작은 멈추지 않았다. 놈들의 하는 짓이 보는 사람의 가슴을 미어지게 했다. 어머니는 사람이라도 죽은 것처럼 목을 놓아 울었다.

"아이고, 저것들이 불쌍해서 우짜꼬!"

옆에 있던 나도 코끝이 매워 왔다.

"어머이, 내가 새끼들 키워 볼게."

그 길로 읍으로 달려갔다. 눈이 풀풀 날리는 날씨에다 하늘은 장막을 드리운 듯 어둑했다. 추운 날씨인데도 내 몸에선 비 오듯 땀이 흘렀다. 읍내에 있는 가게에 들러 분유 한 봉지를 칠십 원에 샀다. 당시 우리 학교 한 달 공납금은 240원이었다.

갈 때는 드문드문 휘날리던 눈이 돌아올 때는 함박눈으로 변했다. 쏟아지는 눈발 사이로 죽은 어미의 젖을 빨던 새끼돼지들이 자꾸만 어른거렸다. 이십 리 길이 참으로 멀었다. 읍에 있는 학교를 다녀와서 다시 읍까지 왕복했으니 그날 나는 팔십 리를 걸었다.

집에 도착했을 때는 마을 어른들이 가마솥에다 어미돼지를 삶고 있었고, 어둠이 내린 돼지우리에는 새끼들이 오글오글 모여 배고프다고 아우성쳤다.

아래채에 있는 빈방으로 녀석들을 옮기고 길고 좁은 구시를 들여놓았다. 객지로 집을 떠나 있는 오빠의 방이 새끼돼지들의 방이 되었다. 쇠죽을 끓이면 불기가 드는 방이라 춥지도 않았다. 아랫목에 짚더미를 깔아 놓으니 사람이 자도 될 만큼 폭신했다.

물을 따뜻하게 데워 분유를 타서 구시에 부어 주었다. 젖만 빨던 새끼들이라 먹을 줄을 몰랐다. 한 마리씩 안아서 주둥이를 구시에 디밀어 분유 맛을 보게 했다. 배가 고픈 새끼들은 차차 스스로 먹는데 길들어갔다. 나는 자다가도 일어나 새끼들의 먹이를 챙겨 주었다.

분유를 타서 짙은 어둠살을 가르며 살금살금 마당을 가로질러 아래채로 돌아오면, 방 앞에 채 이르기도 전에 놈들은 어느새 발소리를 알아듣고 몰려나왔다. 놈들의 잠귀가 사람보다 밝은 것 같았다. 새끼돼지들은 나를 제 어미로 아는지 발소리, 목소리를 다 알아들었다.

어른들은 나를 보고 괜한 짓을 한다고 고개를 저었다. 애써 돌본 본치도 없이 결국에는 죽고 말 것이라며 분유 값만 날릴 거라고 혀를 찼다. 어른들의 기우가 무색하게 새끼돼지들은 낙오 한 마리 없이 잘 자라주었다. 거기다 통통하게 살이 오르고, 털은 반들반들 윤기가 흘러서 보는 사람 기분을 흐뭇하게 했다. 분유를 뗄 시기가 되고부터는 분유와 보드라운 보리등겨를 섞어 먹였다. 사료를 먹을 수 있는 적응력을 길러주기 위해서였다.

그런 어느 날 학교에서 돌아오니 일곱 마리 중에 다섯 마리가 보이지 않았다. 아버지가 덩치가 작은 두 마리를 남겨놓고, 시장에 팔러 간 것이었다. 내 소리가 나면 마중이라도 하는 듯 꿀꿀거리며 달려 나온 녀석들이 보이지 않으니 온 집이 빈집 같이 허전했다. 이별인사도 없이 떠나보낸 녀석들 생각에 팔다리에 힘이 빠지면서 가슴이 메었다.

아버지는 해거름이 지나서야 돌아오셨다. 아무 말씀이 없어 내가 먼저 여쭈어 보았다.

"아부지, 얼마 받았어요?"

"얼마 받기는! 모개로 사백오십 원에 주고 왔다."

"예에? 한 마리에 사백오십 원 밖에 안 받았다고요?"

"아니, 다섯 마리에 사백오십 원 받았다카이."

당시의 새끼돼지 시세는 마리당 평균 삼천 원이었다. 아버지는 돼지가 통통하고 예쁘다는 사람들 말에 분유를 먹여 키워서라고 대답했다. 어른돼지로 기르려고 사려던 사람들은 분유 먹여 키웠다는 말에 발길을 돌렸다.

당시는 간혹 젖을 떼기 전 새끼돼지에게 분유를 먹여 장에 내다 파는 사람이 있었다. 젖과 함께 우유를 먹이면 통통하게 살이 오르고 털은 윤기가 나서 보기는 좋았지만 젖을 뗀 후 낭패를 당하는 경우가 더러 있었다. 우유를 먹여 키운 새끼는 먹이에 대한 적응력이 떨어지고 질병에도 약했다.

장사꾼들의 말을 듣고 놀란 아버지는 되넘기장수에게 그냥 가져가라고 했다. 장수는 마지못한 듯, 막걸리라도 사 드시라며 사백오십 원을 아버지 손에 쥐어주고 다섯 마리 모두를 가져갔다. 당시의 쌀값은 장날 시세에 따라 조금씩 달랐지만, 대략 한 되에 백이십 원 정도였다. 가족처럼 정이 든 새끼돼지 다섯 마리가 쌀 넉 되 값도 안 되었다.

기가 막혔다. 아버지는 내가 녀석들에게 보리등겨를 섞어 먹여, 먹이에 대해 적응훈련을 시킨 줄을 알지 못했다. 분유를 먹여 길렀으니 사 가는 사람이 낭패를 볼 것이라고 지레짐작한 아버지에게는 사백오십 원도 받아서는 안 되는 돈이었다.

겨울철, 깜깜하고 추운 밤에 자다가도 두 번씩이나 일어나 물을 데워야 했으며, 학교 수업이 끝나면 분유를 사기 위해, 읍내의 중심가에 있는 가게까지 2km를 더 걸어야 했던 일들이 주마등처럼 스쳐 갔다. 내 목소리에 똘똘거리며 달려오던 녀석들의 모습이 오래도록 눈에 밟혔다.

부실하다고 남겨 놓은 두 마리는 우리 집에서 어미 돼지로 자랐다. 두 마리 모두 여러 배의 새끼를 낳았던 걸 보면 팔려 간 새끼돼지들도 무사히 어른 돼지가 되었을 것이다.

계사당번 아이들과 군인 아저씨

내가 다닌 초등학교에서는 닭을 길렀다. 오 학년이 되자 우리 반이 닭 기르는 일을 이어받았다. 한 분단이 한 주씩 돌아가면서 수탉 한 마리와 어미 닭 아홉 마리를 돌봤다. 한 분단은 일곱 명이었다. 사람이 먹을 양식도 부족했던 그 시절에 어른들 몰래 집에서 곡식을 훔쳐와 닭에게 먹였다.

당번을 맡은 주에는 다른 아이들보다 먼저 등교하여 닭장을 청소하고, 물과 모이를 주었다. 쉬는 시간에도 닭장으로 달려가 닭의 안부를 확인했다. 방과 후에는 학교 근처 논밭을 돌며, 청개구리를 잡아다 모이로 주었다. 하루건너 알을 낳던 닭이 개구리를 먹인 뒤로 하루도 거르지 않고 알을 낳았다. 닭에는 개구리가 좋은 먹이라는 것을 그때 알았다.

계사당번 일지가 있어 그날은 무얼 먹였는지, 몇 개의 달걀을 낳았는지를 기록했다. 달걀은 그날그날 선생님께 갖다 드렸다. 우리는 그 달걀을 선생님들께서 나눠 드시는 줄 알았다. 예상과는 달리 학교에서는 달걀 값을 저축하여 우리가 졸업할 때 나눠 주었다.

방학 때에도 계사당번 차례가 되면 모이를 준비해서 학교에 갔다. 닭을 키우는 일은 종일 붙어 하는 일이 아니어서 수업이 없는 날은 남아도는 시간이 많았다. 개구리를 잡는 일도 두어 시간이면 끝이 났다.

그 시절, 계사당번 아이들에게 나는 심심풀이 땅콩 같은 존재였다. 아이들은 나를 아무 때나, 조르면 나오는 이야기의 화수분인 줄 알았다. 집에 돌아오면 숙제하듯 이야깃거리를 준비했던 것으로 기억에 남아 있다. 내게는 닭 모이를 준비하는 일보다 아이들에게 들려줄 이야기를 여투는 일이 더 중요했다.

얘깃거리를 마련하기 위해 닥치는 대로 활자와 마주했다. 책이 귀했던 시절이어서 내게 맞갖은 책을 구하기 어려웠다. 만화는 물론, 고모가 읽는 아리랑, 소설계 같은 잡지를 읽었다. 오로지 얘깃거리를 구하기 위하여 소화도 안 되는 성인 글을 밤을 새며 읽었다. 이광수의 '흙' 심훈의 '상록수' 심지어 당시에는 야하다고 소문 난 방인근의 '새벽길' 같은 성인소설이 내 입을 통해 아이들에게 전해졌다.

이런 일도 있었다. 여름방학 때의 어느 날이었다. 계사당번 아이들끼리 감자를 가져와 삶아 먹기로 했다. 시냇가에 있는 옹달샘 가로 모여든 우리는 돌을 모아 솥을 걸고 마른 나뭇가지와 마른 풀을 주워와 불을 땠다. 아무리 불을 때도 감자가 익는 기미가 없었다. 솥을 열어보니 누가 가늠했는지 물이 한 솥 가득이었다. 물을 덜어내고 불을 때는 우여곡절 끝에 감자가 익었다.

감자를 먹으려는데 가까운 곳에 팬티만 입고 앉아 있는 군인 아저씨가 보였다. 멱을 감으려다 우리 때문에 이도 저도 못하고 앉아있는 눈치였다. 우리는 아저씨를 불러서 함께 감자를 먹었다.

감자를 먹다 말고 장난이 심한 영자가 계속 킬킬댔다. 귓속말로 팬티 가랑이로 군인 아저씨의 불알이 다 보인다고 했다. 웃음이 전염된 우리는 배꼽이 빠지라고 웃어대는데, 빡빡머리 군인 아저씨는 영문도 모르고 우리를 따라 웃으며 감자를 먹었다. 그 모습이 우리를 더 웃게 만들었다. 내 생애에서 가장 많이 웃은 날이었다.

군인 아저씨는 감자 값이라면서 이야기를 들려주었다. 이 순신 장군의 아들 이야기, 왜장을 품에 안고 강물에 뛰어든 의기 논개 이야기를 하는 동안 자신이 멱을 감으러 왔다는 사실을 잊어버린 눈치였다. 우리 역시 닭의 존재를 까맣게 잊고 이야기에 빠졌다. 그때 머리 위로 난데없는 소나기가 후드득 쏟아졌다.

우리는 솥을 챙겨 학교로 뛰었다. 아저씨도 부랴부랴 옷을 입고 따라서 뛰었다. 그날, 교실 밖에서는 굵은 비가 주룩주룩 내리고 어둑한 교실에서는 군인 아저씨의 얘기가 몇 가지나 더 이어졌다. 해거름의 어둠이 교실 가득 내릴 때까지 이야기의 재미에 넋을 잃은 우리는 소나기가 벌써 그쳤다는 사실도 몰랐다. 그날, 닭은 오후 한나절을 쫄딱 굶었다.

닥치는 대로 읽어서 소화도 제대로 못시킨 내가 하는 이야기와 깨소금 같은 양념을 넣어 들려주는 군인 아저씨의 이야기는 감칠맛에서 차이가 났다. 시간이 흐르는 줄도, 닭이 굶는지도 깨닫지 못할 만큼 재미있는 이야기를 들려준 군인 아저씨를 그 뒤로는 한 번도 만나지 못했다.

점심시간

여름철, 점심시간을 알리는 종이 울리면 우리는 도시락을 들고 학교에서 가까운 시냇가로 뛰었다. 농수로 둑길을 지나 밭둑과 논둑을 가로질러 달려가면 하얀 자갈이 펼쳐진 개천이 나왔다. 그곳 냇가 밭둑 아래에는 하얀 모래를 퐁퐁 밀쳐내며 솟아나는 옹달샘이 있었다.

우리는 이 옹달샘을 세 개로 나누어 하나는 남희 꺼, 또 하나는 내 꺼, 나머지 하나는 다섯 명의 공동 샘으로 이름을 붙였다. 대장인 남희와 부대장인 나는 전용 샘을 가진 셈이었다. 자잘한 차돌들을 주워와 샘 바닥에 깔았다. 하얀 차돌이 깔린 옹달샘은 바람에 흔들리는 잔물결 아래서 푸른 하늘을 비추는 거울이 되었다. 파란 하늘이 비치는 일렁이는 샘을 내려다보노라면 마음 가득 감동이 솟구쳐 올랐다. 우리의 샘물은 맛도 좋아서 도시락

밥을 물에 말아 먹으면 꿀맛처럼 달았다.

　식사가 끝나면 시냇물에 뛰어들어 멱을 감았다. 팬티를 말릴 시간이 없어 물만 꾹 짜서 입을 때가 태반이었다. 어떨 때는 옷도 입기 전에 오후 수업 시작종이 울렸다. 그러면 숨이 턱에 닿도록 뛰어야 했다. 척척한 팬티를 입고 의자에 앉아 있으면 겉옷까지 다 젖어 왔다. 수업이 다 끝나 가면 어느새 옷은 체온으로 말라 있었다.

　날씨가 흐려지거나 기온이 내려가는 날은 멱을 감을 수가 없었다. 쫓기던 점심시간도 여유가 생기는 날이었다. 식사가 끝난 뒤에 우리는 수저로 도시락을 신나게 두드리며 줄을 지어 학교로 돌아오곤 했다. 쾌지나칭칭 리듬에 맞추어 내가 선창을 하고 아이들이 후렴을 하면서 학교를 빙글빙글 돌 때도 있었다. 학예회 때 소북을 한 아이들이라 도시락에 수저를 두드리는 소리는 농악대의 리듬 못지않았다. 그럴 때는 전교생이 다 나와 구경을 했다.

　"해야, 해야! 나오너라."

　"쾌지나칭칭나네."

　"장구치고 나오너라."

　"쾌지나칭칭나네."

　"김칫국에 밥 말아먹고."

　"쾌지나칭칭나네."

"장구치고 나오너라."
"쾌지나칭칭나네."

도시락을 소북이나 꽹과리처럼 두드리며 학교를 돈 추억을 갖고 있는 나는 얼마나 행복한가.

소와 나

―신고식

　요즘도 목초지에서 풀을 뜯으며 자라는 소들이 더러 있기는 하다. 하지만, 대다수의 소는 '기업형 축사'에서 사료를 먹으며 일생을 보낸다. 옹색한 우리에서 사육당하다가 사람들의 식탁에 오르기 위해 도살장으로 끌려가는 것이 소의 운명이다.
　옛날에도 소는 재산을 늘리는데 일등 공신이지만, 그것이 다는 아니었다. 농사를 짓는데 절대로 필요한 일꾼으로 대접받았다. 사시사철 고삐에 매인 삶이기는 했으나, 그 시대의 소에는 여름 한 철, 친구 소와 어울려 산에서 풀을 뜯는 시간이 주어졌다. 그 기간이 소에게는 낙원인 셈이었다.
　산들바람 불어오는 산자락에서 소가 배불리 풀을 뜯을 수 있도록 하는 역할이 소 먹이 아이가 하는 일이었다. 그것을 두고 소 뜯긴다, 혹은 소 먹인다고 했다. 소 먹이 풀은 소꼴, 쇠꼴, 꼴이라는 말을 아울러 썼다.

초등학교 일 학년 때, 처음으로 소고삐를 잡았다. 오빠가 오후수업을 하는 바람에 소 먹이는 일이 내 차지가 되었다. 어머니에게서 고삐를 받아든 순간, 만날 보던 소가 태산처럼 느껴졌다. 앞에 서면 머리로 떠받을 것 같았고 뒤에 서면 발로 차버릴 것 같았다. 두려움을 무릅쓰고 어머니가 일러준 대로 소 뒤에서 "이랴! 이랴!" 해보았다. 소가 앞으로 뚜벅뚜벅 걸어갔다. 덩치는 산만한 소가 꼬맹이인 내 말 한마디에 뚜벅뚜벅 걸음을 뗐다.
　그때까지 내게는 이것 해라 저것 해라 시키는 사람만 있을 뿐, 내가 명령을 내릴 대상은 없었다. 내 말 한마디에 가라면 가고 서라면 서는 소가 놀랍고 신기했다. 다시, "워! 워!" 하며 고삐를 당기자 소가 제자리에 우뚝 섰다. 비로소 마음에서 두려움이 사라졌다.
　키도, 덩치도 또래에 비해 작은 여덟 살짜리 딸에게 송아지 딸린 어미 소를 맡기려니 불안했던 어머니는 "큰아이들 뒤만 졸졸 따라다니면 된다."라고 몇 번이나 일렀다.
　소를 몰고 마을 뒤에 있는 공터로 갔을 때는 예닐곱 명 아이가 모여 있었다. 초등학교를 졸업하고 중학교 진학을 하지 못한 언니, 오빠가 대부분이었다. 소 먹이러 갈 방향이 정해지자 고삐를 잡은 아이들이 차례차례 산길로 들어섰다.

고불고불한 산길에 소는 앞서고 고삐를 쥔 아이는 뒤에 서고, 짝을 이루어 줄을 지어 갔다. 차랑거리는 워낭소리를 반주 삼아 먼 산에서 뻐꾸기가 합창으로 울어댔다. 소를 따라 우쭐우쭐 걸어가는 우리도 신이 나서 노래를 불렀다. 이제, 어디에서 그런 풍경을 다시 볼 수 있을까! 그때의 광경을 떠올리면 지금도 가슴이 설렌다.

고개를 넘어 목적지에 도착했다. 감나무실로 불리는 그곳은 너덜겅이 없어 소 먹이는 장소로 딱 좋았다. 산의 대부분이 키 큰 나무 한 그루 없는 민둥산이어서 골짝과 능선이 한눈에 다 보였다. 산에다 소를 풀어놓고 밭에는 들지 않는지 산등성이를 넘지 않는지 감시하는 일이 우리가 할 일이었다. 어쩌다 한눈을 팔면 소들이 논밭에 들어 저지레를 하거나 산등성이를 넘는 일이 생겼다.

첫날부터 그 일이 내 차지가 되었다. 소 뜯기는 아이 중에서 가장 어렸던 나는 나이 많은 언니 오빠들이 시키는 대로 할 수밖에 없었다. 뒤에 알았지만, 신출내기에게 소를 보게 하는 것은 목동들 사이에 늘 있었던 불문율이었다.

내게는 산이 익숙하지 않았다. 골짜기는 깊었고, 등성이는 가팔랐다. 소같이 느리다는 말은 틀린 말이었다. 소는 어적어적

풀을 뜯으면서도 잠깐 눈 돌리는 사이에 건너편 등성이에 올라 있곤 했다.

나는 짧은 보폭으로 안간힘 쓰며 산을 오르내리는데, 큰아이들은 비석치기 놀이로 시간을 보냈다. 소를 보는 일을 내게다 미루고 저들만 재미나게 노느라 깔깔거리는 아이들이 미웠다. 집에 돌아가면 어머니에게 일러 단단히 혼을 내주리라 마음먹었다

지루했던 긴긴 해가 서쪽으로 이울자 골짜기에는 저물녘의 어스름이 내렸다. 아래쪽에서 놀던 아이들이 집에 가야 한다며 빨리 소를 아래로 쫓으라고 외쳤다. 소들은 아직도 배가 차지 않았다는 듯 풀에서 입을 떼지 않았다.

소의 세계에도 위계질서가 있어 대장 소를 따른다는 오빠의 말이 생각났다. 우리 소가 대장이라는 것은 알고 있었다. 나는 소 앞으로 다가가서 고삐를 아래쪽으로 당겼다. 고삐를 끄는 대로 소가 머리를 돌렸다. '소는 경사가 급한 내리막에서 느린 걸음이 어려운 동물이다. 경사가 심하게 진 곳에서는 소를 앞세우고 몰아야 안전하다.' 이런 상식을 나는 알지 못했다.

그 일은 눈 깜짝할 새에 일어났다. 처음 얼마쯤 고삐에 끌려 내려오던 소가 갑자기 나를 제치더니 뒷발로 걷어차고 아래쪽을 향하여 훌떡훌떡 뛰었다. 우리 소가 뛰자 다른 소들이 뒤따라 질풍같이 뛰었다. 패대기쳐진 나는 다행히도 소나무가 받쳐

주어 구르지는 않았다. 몇 군데의 찰과상을 입은 외엔 크게 다친 곳도 없었다. 그런데도 집으로 돌아오는 내내 산골짝이 떠나갈 듯 큰 소리로 울었다.

집에 돌아와 소 뜯기러 가서 겪었던 일을 쫑알쫑알 가족들에게 일러바쳤다. 어머니는 빨간약을 발라 주며 "이깟 다친 걸로 가시나가 말도 많다"라고 나무랐다. 오빠는 소발에 차인 걸 두고 소가 신고를 받은 거라고 놀렸다. 부아가 풍선처럼 부풀었다. 편을 들어주지 않는 어머니도, 놀리는 오빠도 야속했다.

이튿날, 소 먹이러 가지 않겠다고 뻗대는 내게 기어이 소고삐를 쥐여 준 어머니는 빨랫감이 담긴 오지그릇을 이고 내 뒤를 따라왔다. 빨래터가 같은 방향이어서 빨래하러 가나보다 생각했다.

어머니는 아이들을 보자 들입다 야단을 쳤다. 어린애를 잘 데리고 다니지 않고 혼자만 소를 보게 했다고 나무랐다. 어머니의 목소리에는 타이름이 반, 윽박지름이 반이었다.

모를 일이었다. 간밤에는 편을 들어주지 않아서 야속했던 어머니가 막상 아이들 앞에서 나를 역성들고 나서니 어디로 숨어 버리고 싶을 만큼 부끄러웠다. 그 뒤로는 밖에서 억울한 일을 당해도 어머니에게나 오빠에게나 일러바친 적이 없다. 내 아이를 키울 때도 역성을 들어보지 않았다.

그날도 나는 혼자서 도맡아 소를 보았다. 큰아이들이 시켜서 한 게 아니라 나 자신이 알아서 한 일이었다. 그러구러 나는 유능한 소 먹이 아이가 되어갔다.

−욕쟁이 할머니

 감나무실은 세 개의 등성이로 이루어진 나지막한 산이었다. 그 한 가운데 밭이 있었다. 밭의 주인 할머니는 욕의 고수였다. 욕을 너무나 잘해서 우리는 욕쟁이 할머니라는 별호를 지어 불렀다. 따라서 밭 이름도 '욕쟁이네 밭'이 되었다. 그 밭만 아니라면 소 먹이는 일은 일도 아니었다. 소는 풀을 뜯고 우리는 오롯이 놀이나 산열매를 따면서 시간을 보낼 수 있었다. 그러니 그 밭이 우리에게는 눈엣가시였다.
 욕쟁이 할머니 역시 한나절만 밭에서 눈을 돌리면 애써 지은 농사를 소들이 들어와 망쳐놓으니 느는 게 욕이었다. 할머니가 하는 욕을 가만히 들어보면 저 많은 욕을 어떻게 다 외우는지 궁금했다. 사람의 입에서 나오는 욕이 얼마나 무궁무진한지에도 놀랐다.
 그 산에는 우리 마을 소만 오는 게 아니었다. 다른 마을 소가 밭에 들어 저지레를 해도 우리 마을 아이들이 욕을 먹었다. 마찬가지로 우리 마을 소가 저지레를 할 경우, 안 했다고 딱 잡아

떼면 다른 마을 아이들이 욕을 먹었다.

"어떤 놈의 소인지 잡히기만 해봐라, 내가 창자를 꺼내 잘근잘근 씹어 놓을 테다." 욕쟁이 할머니는 밭에 엎디어 일하면서도 이 말을 껌 씹듯이 했다. 피해 본 농작물에 대한 속상한 마음을 욕을 해서 달래는 것 같았다. 뭣보다 우리를 두렵게 했던 것은 밭에 들어온 소가 잡히기만 하면 그동안 손해 본 농작물 다 물어내게 한다는 소리였다. 그러니 소가 밭 가까이서 풀을 뜯을 때는 한시도 눈을 떼면 안 되었다.

그게 말처럼 쉽지 않았다. 소는 눈치 없는 짐승이어서 잠깐 오줌 누는 사이에도 밭에 들어가 입질을 했다. 뜯어먹어 손해 끼치는 작물보다 소를 몰아내는 과정에서 발에 짓밟혀 생기는 피해가 더 컸다. 욕쟁이 할머니 입장에서는 분통이 터질 노릇이었다. 자신이 일하는 날에는 근처에도 얼씬 안 하다가, 밭을 비우는 날만 귀신같이 골라 애써 지은 농사를 해코지하니 환장할 만했다. 그러니 범인을 잡으려는 형사처럼 밭에 침입하는 소를 붙들려고 이제나저제나 기회를 노렸다.

8월 중순경이 되면 가을걷이 농작물은 그 기세가 절정에 이른다. 그즈음, 욕쟁이 밭의 콩도 어른의 허리 높이로 키가 자라고, 고구마는 온 밭을 덮을 만큼 이파리가 무성해졌다. '미련하다'는 소리를 듣는 소였지만, 박토에서 자라는 뻣뻣한 쇠뜨기와 거름 주어 밭에서 기른 이들이들한 콩잎 맛은 구별할 줄 알았다. 소가 밭에 드는 횟수가 부쩍 잦아지는 것도 이 무렵이었다.

어느 날, 우리 집 소가 그 밭에 들었다. 다른 소들도 줄레줄레 따라 들었다. 한 마리도 끌어내기 어려운 판에 여러 마리가 들었으니 큰일이었다. 나는 안간힘 써 바깥쪽으로 소고삐를 당겼다. 소는 나를 얕보았든지 아니면 맛이 너무 좋았든지 도무지 콩잎에서 입을 떼지 않았다. 드러눕는 자세로 힘껏 고삐를 당기는데 우악스레 고삐를 낚아채는 손이 있었다.

"요년, 인자 잡았다. 가자! 너거 집이 어데고? 이제까지 베린 농사 다 물릴끼다. 내가 안 물릴 줄 아나!"

'간이 떨어진 줄 알았다'는 말은 그럴 때 쓰려고 생긴 말 같았다.

욕쟁이 할머니는 나를 앞세우고 우리 집으로 향했다. 나는 포승에 묶인 죄인처럼 기가 죽어 걸음을 옮겼다. 너무 겁이 나서였을까? 눈물도 나오지 않았다. 용서해주세요, 하는 말도 나오지 않았다.

걱정에 휩싸여 집에 도착했는데 놀라운 일이 벌어졌다. 낮인데도 아버지가 집에 들어와 계셨다. 욕쟁이 할머니는 아버지와 잘 아는 듯 인사를 나누더니,

"야가, 이장님 딸입니꺼?" 했다. 그렇다고 하자, 아무런 설명도 없이 "내가 잘못 왔군요."라는 말을 남기고 치마에 바람을

일으키며 쏜살같이 사립문을 나갔다. 가족들은 그 할머니가 왜 왔는지, 왜 바람처럼 사라졌는지 영문을 몰랐다. 그 할머니를 알고 있는 오빠만 자초지종을 짐작했다.

나는 공포에 떠는 가슴을 쓸어내렸지만, 어리둥절했다. 그동안 손해 본 거 다 내놓으라며 고래고래 따질 것이라고 마음 졸이던 내 눈에 욕쟁이 할머니의 행동은 너무나 의외였다.

당시 아버지는 다섯 개 마을의 이장이었다. 욕쟁이 할머니가 사는 마을도 그중 한 곳이었다. 당시 이장의 사례비는 가구당 나락 한 말이었다. 아버지는 형편이 어려운 집에는 사례비를 받지 않았다. 욕쟁이 할머니네도 그중 한 집이었다.

나는 그 이야기를 나중에 오빠에게서 들었다. 그제야 잡히기만 하면 소라도 잡아갈 듯, 이를 갈던 욕쟁이 할머니가 왜, 아버지를 보자 아무 말 안 하고 삼십육계 줄행랑을 쳤는지 까닭을 짐작했다.

―아침

예부터 '한 마리 소에 장골 하나'라는 말이 있다. 소 키우는 일이 만만치 않다는 뜻이다. 나는 장골이 아닌 초등학생이었다. 그것도 여자아이였다. 장골에 버금가려면 한 시도 쉴 틈이 없었다. 초등학교 상급 학년이 되고부터 낫을 갈아 소꼴을 베는 일도 내 몫이 되었다. 학교 수업과 잠자는 시간, 그리고 밥 먹는 시간 말고는 나의 시간은 모두 소를 위해 쓰였다.

내가 소 먹이 일을 맡고부터 어른들은 소 걱정을 안 했다. 마을 어른들은 이런 나를 두고 애어른이라고 했다. 내가 부지런을 떠는 데는 까닭이 있었다. 어머니의 근심을 덜어주고 싶었다. 아버지는 정미소 일에다 돈이 되지 않는 명예직 일에 바빠 소가 굶는지 먹는지 알지 못했다. 책임이라는 게 얼마나 무서운지 이튿날 소 먹일 꼴이 없으면 깨우지 않아도 새벽이 되면 눈이 떠졌다.

이른 새벽 소를 몰고 집을 나서면 길은 어렴풋했고, 이슬 젖은 풀잎에 신발이 젖었다. 바짓가랑이도 비를 맞은 듯 축축해졌다. 길섶에서 놀란 개구리가 화들짝 뛰어올라 발등에다 오줌을 갈겼다. 밤새 배고팠던 수만 마리 날벌레들은 소와 나를 에워싸고 환영식을 벌였다. 쇠파리도 끼어들어 살갗에다 빨대를 박고 피를 빨았다. 얼굴과 팔에는 삽시간에 붉은 반점이 솟았다. 그래도 나는 그 시간이 좋았다. 동녘을 발갛게 물들이며 솟아오르는 아침 해에 뭇 생명이 어둠을 털고 깨어나는 광경을 볼 수 있어서였다.

어둠에서 깨어날 때의 자연은 엄숙하고도 경이로웠다. 해 뜰 무렵의 어스름이 푸른빛에 가깝다는 것을 그때 알았다. 새벽과 아침이 교차하는 광경은 찰나에 이루어져 경계가 없었다. 새벽 안개가 아침햇살에 길을 열 때는 은색의 비단이 하늘로 펼쳐져 장관을 이루었다. 초록 들판을 덮고 있던 어둠을 걷으며 금빛 아침햇살이 진군하듯 세력을 떨치는 모습은 신이 그려내는 광대한 화판 위의 그림 같았다. 나는 숨죽여 그 모두를 지켜보았다. 소 먹이 일이 아니었다면 새벽과 아침이 교차하는 장면을 추억 속에 저장할 수 있었을까? 아마도 없었을 것이다.

어느 날은 풀을 뜯는 소의 등에 햇귀가 비추는데, 등뼈를 중심으로 반대쪽에 그늘이 생겼다. 소의 등에 생긴 햇귀의 빛살과 그림자의 경계가 너무나 뚜렷했다. 소름 돋으며 그 광경을 바라봤던 기억이 아직도 생생하다. 나는 그때 어렴풋이 깨달았다. 빛과 어둠은 한 몸이라는 것을! 어둠은 빛으로 비롯되고 빛은 어둠이 있어 빛난다는 사실을!

내가 본 그 모든 광경은 부지런한 소먹이 아이인 내게 아침이 준 선물이었다.

─아침 소 먹이기

소는 배가 큰 짐승이다. 먹는 양이 많아서 한 사람이 몇 시간씩 꼴을 베어야 배를 채워 줄 수 있었다.

지금은 지천에 풀이 우거져 꼴 한 망태 채우기는 일도 아닐 것이다. 옛날에는 풀이 자랄 새가 없었다. 꼴이나 거름으로 쓰려고 베가는 바람에 사방을 헤매도 쇠꼴을 구하기가 쉽지 않았다.

꼴을 베기 위해 십 리나 떨어진 산골까지 갈 때도 있었다. 그러다 보니 미처 소 먹이를 여투지 못하는 일이 생긴다. 오후에는 방목으로 저녁 꼴을 대신했지만, 아침에는 소를 굶길 상황이 벌어지는 것이다.

그럴 때는 새벽 어둠살이 채 걷히기도 전에 소를 몰고 가까운 산으로 향했다. 아침에 하는 소 먹이 일은 제약이 많았다. 소를 먹여놓고 학교에 가자면 마을에서 먼 곳은 갈 수 없었다.

마을 옆에 있는 작은 동산은 두어 번만 소를 뜯기고 나면 풀이 바닥이 났다. 해서 풀이 자랄 때까지 시간이 필요했다. 부득이 밭 근처나 논 언저리에서 소를 먹였다. 옛날에는 논두렁 밭두렁은 물론이고 길가에도 콩을 심었다. 소고삐를 잡고 있어도 잠시만 눈을 떼면 소의 입이 어느새 콩 포기로 향했다. 한 손에는 고삐를 꼬나들고 한 손으로 쇠파리를 쫓으며 두어 시간을 견디는 일은 무한 인내가 필요했다.

어느 날, 꾀가 난 나는 소를 매어 놓기로 했다. 주변에 풀을 다 뜯어 먹고 나면 자리를 옮겨 다시 매어준다는 생각은 그럴듯했다. 첫날은 대성공이었다. 풀이 많은 곳을 골라 자주 옮겨 주니 소가 풀을 뜯는데도 지장이 없는 것 같았다. 그 시간에 책을 읽어도 되겠다는 기대로 마음이 부풀었다.

　다음날, 오빠가 읽으려고 빌려다 놓은 만화를 가져갔다. 제목은 '사육신'이었다. 당시의 만화는 지금의 만화와는 달리 그림이 있는 소설에 가까웠다. 쇠파리를 피하여 소를 매어둔 곳에서 제법 떨어진 거리에 있는 바위에 앉아 만화를 읽었다. 아뿔싸! 그만, 재미에 빠져 시간 가는 줄 몰랐다.

　손가락에 피를 내어 세조를 몰아내자고 연판장에 함께 서명까지 한 김질이 동지들을 배반했다. 김질은 세조에게 붙어 영달을 꾀한 반면, 성삼문, 박팽년, 하위지 등은 죽임을 당했다. 그 장면을 읽으며 소리 내어 분통을 터뜨리다가 내 소리에 놀라 퍼뜩 정신이 들었다. 고개를 들자 멀리 바라보이는 한길 위로 학교에 가는 아이들이 드문드문 보였다. 소스라칠 일이었다. 지각은 놔두고라도 제대로 풀을 뜯지 못했을 소를 생각하니 기가 막혔다.

　소를 매어둔 곳으로 달려갔다. 소스라치게도 소가 고삐에 목이 졸려 혀를 길게 빼물고 있었다. 혀를 빼문 입에서는 침이 질질 흘러내렸다. 이 미련한 녀석이 고삐를 매어둔 소나무 주위를 돌다가 고삐에 목이 감겨버렸다. 얼마나 버둥거렸는지 소나무 주위는 난리를 만난 듯 뭉개져 있었다. 하필이면 고삐를 맨 곳이 경사가 급한 언덕이었다. 소는 굴러 떨어지지 않으려고 앞다

소와 나　117

리는 꿇은 채 뒷다리로 안간힘을 쓰며 버티고 있었다.

고삐를 풀려고 해도 바늘이 들어갈 틈조차 없었다. 하는 수 없이 코뚜레에 연결해 놓은 고삐를 풀었다. 신기하게도 금방까지 목이 졸려 숨도 겨우 쉬던 녀석이 고삐가 풀리자 후다닥 일어나 부르르 머리를 몇 번 흔들고는 아무 일도 없었다는 듯 어슬렁어슬렁 걸어가 풀을 뜯어 먹었다. 커다란 소의 눈에는 원망 한 점 담겨있지 않았다. 참 희한한 짐승이었다.

죽음의 문턱까지 갔다 온 소는 무심한 눈빛인데, 나는 소한테 너무나 미안해서 도무지 마음이 진정되지 않았다. 정신을 차려 소나무에 매인 고삐를 풀어 다시 소 코뚜레에 걸어 매는 동안 차차로 마음이 안정되었다.

어떻게 그 생각을 했을까. 온몸이 떨리도록 당황하면서도 코뚜레에 연결된 고리를 풀 생각을 한 내가 지금 생각해도 대견스럽다. 만약 어른을 부르러 집으로 갔다면 소는 그동안을 넘기지 못하고 죽었을지 모른다.

소를 몰고 집으로 돌아왔을 때는 오빠도 동생도 등교한 뒤였다. 아침밥은 먹지도 못하고 학교로 내달렸다. 교실에 도착했을 때는 이미 첫 시간 수업이 끝나 있었다. 지각한 벌로 화장실 청소를 하는 것으로 그날의 소동은 막을 내렸다.

그 뒤로도 소를 돌보면서 간 떨어질 번 한 일이 몇 번이나 있었다. 우리 집에서 처음으로 키운 황소는 발정 난 암소를 차지하기 위해 싸움을 벌이다 뿔이 빠졌고, 이름까지 지어주며 예뻐했던 송아지 '로미'는 남의 밭에 들어 저지레 하다가 주인이 던진 돌팔매에 맞아 다리가 부러졌다. 사실, 소먹이는 일은 자질구레한 사고의 연속이었다. 그런 일에 마음고생하고 나면 자신이 부쩍 자란 것 같은 느낌이 들었다.

돌아보면 나의 유년은 소와 함께 한 시간이었다. 소를 먹이면서 아침을 알았고, 목청껏 노래 부르면 메아리가 똑같이 노래한다는 것도 소 먹이러 다닌 산에서 알았다. 먹는 열매와 못 먹는 열매를 구별하는 걸 배웠고, 어떤 식물의 뿌리가 약이 되는지, 어떤 식물이 독이 되는지도 배웠다. 어느 골짝에 산딸기가 많은지, 어느 산에는 싸리버섯이 나고, 어느 산등성이에 국수버섯이 나는지도 꿸 수 있었다.

소가 배불리 풀을 뜯을 장소를 찾아 이 산 저 산을 오르내리고, 이 골짝 저 골짝을 넘어 다니면서 산에도 고유한 얼굴과 표정이 있다는 것을 알게 되었다. 어떤 산은 험준해서 가까이 다가가는 것을 허락하지 않았고, 어떤 산은 완만하여 소도 사람도 뛰놀기 좋았다. 자연도 사람 사는 세상과 별반 다르지 않았다.

산꼭대기에 올랐을 때는 산이 떠나갈 듯 노래 부르고, 골짝을 넘을 때는 산새처럼 휘파람 불며 소 먹이던 그때가 나에게는 연둣빛 계절이었다.

소와 나

─ 보堡와 다리

    소 뜯기러 가면 한 사람씩 당번을 정해 교대로 소를 보고 나머지는 저물녘까지 약초를 캐거나 꿀을 벴다. 집에서 가져온 책을 읽거나 공부를 할 때도 있었다. 뭐니 해도 여럿이서 놀이를 하며 시간을 보낼 때가 많았다. 놀이의 제목은 소 먹이러 가는 산이 어디냐에 따라 그날그날 달랐다.
    욕쟁이 할머니 밭 근처에 샘이 있었다. 산등성이인데도 작은 개울을 이룰 만큼 많은 양의 지하수가 솟았다. 그곳 근처에서 소를 먹이는 날은 소를 풀어놓자마자 두 팀으로 나눠 한 팀은 샘물을 가두는 보를 만들고, 한 팀은 보 아래에다 다리를 만들었다. 물을 가뒀다가 한꺼번에 터뜨려 다리가 무사하면 '다리 팀'이 이기는 것이고 다리가 허물어져 떠내려가면 '보 팀'이 이기는 놀이였다. 다리는 튼튼해야 이겼고, 보는 물을 많이 가둬야 이겼다. 우리는 나뭇가지와 돌과 떳장을 주워와 보를 만들고 다리를 만들었다.
    결국은 허물고 말 것을 있는 힘과 지혜를 다 동원하여 이기려고 안간힘 썼다. 보를 틔웠을 때, 홍수처럼 쏟아지는 물에도 거뜬히 견디는 다리에 손뼉을 치기도 했고, 별의별 꾀를 내어 견고하게 만든 다리가 한꺼번에 터진 봇물에 가차 없이 쓸려갈 때는 허무함의 탄식을 지르기도 했다. 그러다가 해가 지면 박수도 탄식도 연기처럼 잊고 소를 몰아 집으로 향했었다.

  돌아보니, 그때 했던 놀이가 어른으로 살아가는 예행연습이었다. 보와 다리의 관계는 절대강자가 없는 세상사와 같았다. 산다는 것은 지느냐 이기느냐의 게임이었고, 아무것도 완전하거나 영원하지 않았다. 그걸 깨닫는 데 수십 년이 걸렸다. 나는 지금 인생의 저물녘에 서 있다. 삶의 '보, 다리게임'은 끝났다. 지나온 시간을 연기처럼 잊고 돌아갈 일만 남았다는 사실을 문득 깨닫는다.

강서영 그림

제 3 부

물소리

물소리
며느리 자랑
케렌시아
청복
짝퉁 얼굴
똥간갤러리
목각장이의 유토피아
자가수표
손녀와 할아버지
비눗방울

결혼을 하고서도 빨래는 내게 치유의 시간이었다. 생판 다른 환경에서 자란 남자와 여자가 같은 밥상에 마주 앉아 밥을 먹고, 한 이불 속에서 잠자는 일은 상상했던 것보다 많은 인내가 필요했다. 물소리에 귀 기울이며 북북 힘주어 빨래를 하다 보면 참았던 울분이 비누거품과 함께 씻겨나갔다.

물소리

속상한 마음을 다스리는 방법은 사람마다 다르다. 신앙을 가진 사람은 기도를 하고, 어떤 사람은 친구에게 하소연을 한다. 더러는 음악을 듣고, 더러는 배낭을 챙겨 산을 오른다. 나는 흐르는 물소리를 들으며 손빨래를 한다.

빨래하는 일에 재미를 붙인 건 영혼과 몸이 쑥쑥 자라는 중학생 때였다. 어머니를 돕겠다고 따라나선 걸음이 나중에는 일요일만 되면 혼자서 빨랫감을 이고 개울로 나서기에 이르렀다. 힘에 부친다고 말리던 어머니도 막무가내로 빨랫감을 챙겨드는 내 고집을 꺾지 못했다. 층층시하 대가족 집에 맏딸로 태어난 내게는 학교 가는 시간과 잠자는 시간 말고는 거들어야 할 집안일이 줄을 이었다. 걸핏하면 꾸중을 들어야 하는, 집에서 하는 일이 너무나 싫었다. 어른들의 시선에서 벗어나는 핑곗거리가 빨래였다. 빨래를 도맡는 이유는 또 있었다.

　송사리가 작은 입을 쫑긋거리며 떼 지어 다니고, 바위틈을 타고 흐르는 물소리가 음악처럼 들리는 개울이 좋았다. 너럭바위에 벌렁 누워 하늘을 봐도, 송사리를 쫓아 여울 물살을 첨벙거려도 "선머슴처럼 뭐 하는 짓이냐"라는 나무람을 듣지 않으니 어른이 안 계시는 빨래터야말로 내 세상이었다.

　식구가 많았던 우리 집은 빨랫감이 산더미여서, 아침 먹고 곧바로 시작한 빨래가 점심때가 지나야 끝이 났다. 빨래를 하다 말고 다슬기나 예쁜 조약돌 줍는다고, 해가 서녘으로 두어 발 기울어서야 마칠 때도 있었다. 그래도 나는 그 일이 좋았다. 너럭방석돌에 빨랫감을 펼쳐놓고 비누칠을 한 뒤, 조물조물 치대다 방망이로 두들겨 반짝이는 여울물에 훌렁훌렁 헹구면 얼룩진 옷들이 말끔한 모습으로 탈바꿈했다. 그러는 동안 마음도 상쾌해졌다.

　도시에서 자취를 할 때도 옷을 빠는 시간이 내게는 휴식이었다. 수도꼭지를 열어 여울물 졸졸거리는 소리가 나도록 수압을 조절한 뒤, 흐르는 물을 손으로 맞고 눈을 감으면 햇볕에 반짝이는 잔물결이 보이고 빨간 고추잠자리가 머리 위를 날았다. 방망이로 팡팡 두드릴 수도, 눈앞에 몰려드는 송사리 떼도 없었지만, 머릿속 주파수를 고향 마을 시냇가 빨래터에 맞춰놓고 하는 빨래는 도시에서 겪어야 하는 시름이나 피로를 조금은 덜어주었다.

　결혼을 하고서도 빨래는 내게 치유의 시간이었다. 생판 다른 환경에서 자란 남자와 여자가 같은 밥상에 마주 앉아 밥을 먹고, 한 이불 속에서 잠자는 일은 상상했던 것보다 많은 인내가 필요했다. 걸핏하면 분개할 일이 생겼고, 툭하면 큰소리가 허공을 갈랐다. 공간이 빤한 아파트에서 화가 나 일그러진 얼굴이나, 분별없이 흐르는 눈물을 가리기에는 빨래하는 일만큼 좋은 것이 없었다. 물소리에 귀 기울이며 북북 힘주어 빨래를 하다 보면 참았던 울분이 비누거품과 함께 씻겨나갔다.

　주부의 때가 오를 무렵 세탁기를 들였다. 처음은 아랑곳없이 손빨래를 했다. 세탁물을 속옷 겉옷 구분 없이 한 통에 넣어 돌리는 것이 께름칙했다. 탈수를 한다고 통이 돌 때는 지진이 나는 듯 불안했다. 멀쩡했던 옷이 보푸라기가 일어 헌 옷처럼 될 때도 있었다. 사람은 적응하는 동물이라더니 나 역시 얼마 지않아 세탁기로 비롯된 폐해에는 둔감해지고 편리함에 차차로 길이 들었다. 나중에는 걸레 빠는 일까지 세탁기에 부탁했다.

　인생길의 중반 무렵, 뜻하지 않게도 고빗사위 사막이 우리 앞에 나타났다. 잘 나가던 사업에 시련이 닥쳤다. 힘든 일상에서 어서 빨리 벗어나게 해 달라고 기도했지만 나의 신은 묵묵부답이었다. 가슴에는 얼음 같은 응어리가 쌓여갔다.

　나는 다시 대야에 물을 받아 세제를 풀었다. 수도꼭지를 조절해서 마음에 드는 소리를 얻은 뒤, 손과 발을 동원해 푸드덕거리며 빨래를 했다. 얼굴이 벌게지도록 고개를 수그리고 가진 힘 모두를 팔에다 쏟았다. 박박 북북 박박 북북, 속엣 것을 모두 끄집어내어 헹구는 심정으로 졸졸 흐르는 시냇물에다 빨래를 했다. 놀랍게도 체기로 뭉쳐있던 마음이 후련해졌다.

어느 날 '화이트 노이즈 (白色騷音, White noise)'에 대한 글을 읽었다. 백색소음이 우리 인체에 어떤 영향을 주는가 하는 내용이었다. 새소리, 바람소리, 계곡물소리 같은 자연의 소리인 백색소음이 긴장한 뇌를 이완시키고 평화로운 마음 상태로 이끈다는 글을 읽는 순간, 어떤 생각이 뇌리를 스쳤다.

그때까지 빨래를 하면서 얻은 평화가 힘주어 한 노동의 대가로만 알았다. 그게 다는 아니었다. 자각하지 못했지만, 물소리도 마음을 다스리는데 한몫을 했다는 걸 비로소 알았다.

며느리 자랑

　자식 자랑하면 팔불출이라는 말을 듣고 자랐다. 요즘은 '자식 자랑하려면 돈을 내고 하라'고 한다. 남이 하는 자랑이 듣기에 거북해서 하는 말일 것이다. 나도 자칫 밥을 사야 할지도 모르겠다.

　작년 설 명절 이튿날이었다. 설을 쇠러 온 며느리가 잠깐 나갔다가 오겠다며 외출을 했다. 명절에 종종 있는 일이어서 볼일이 있나보다 생각했다. 얼마 뒤, 돌아온 며느리가 차 대리점에 다녀왔다고 했다.

　"아버님, 어머님! 차를 바꿔 드렸으면 합니다." 며느리의 말에 귀를 의심했다. 얼마 전 집을 살 때 은행 돈이 더 많이 든 걸 아는 데 시부모의 차를 바꿔 줄 생각을 하다니! 넙죽 마음을 드러내서 고마워할 사안은 아니었다.

지금 타고 다니는 차가 십삼 년이라는 나이는 먹었어도 아직은 문제가 없는 차였다. 장거리 다닐 일이 잦은 것도 아니고, 기껏 한 주에 한두 번 시내 나들이가 고작인 우리에게 굳이 새 차가 필요한 것도 아니었다. 낡으면 낡은 대로 살살 얼러가며 탄다면 운전이 가능한 나이까지는 별 탈 없이 움직일 수 있는 차였다. 우리는 차를 바꿀 필요가 없는 이유를 손으로 꼽으며 며느리를 설득했다.

"어머님 말씀대로 지금 차로도 몇 년은 더 타시겠지요. 그런데 이번에 바꾸어 드리고 싶어요. 아버님 어머님 연세 어느새 칠순이에요. 몇 년 뒤에는 외제차를 사드려도 못 타실 수 있어요. 이번에 바꾸어 타세요." 며느리는 고집을 굽히지 않았다.

그 말에 홀린 듯, 아들내외를 따라나섰다. 선길로 대리점에 들러 곧바로 차종과 색상을 골라 차를 계약했다. 며느리는 우리 마음이 달라질까 염려가 됐던지 번호판도 달기 전에 보험까지 한꺼번에 처리하고 서울로 떠났다. 떠나기 전에 며느리는 "어머님, 제가 산 거 아니에요. 어머니 아들이 번 돈으로 사 드린 거랍니다. 그러니 부담 갖지 마세요." 했다. 맞벌이하는 형편에 주머닛돈이 쌈짓돈이라는 걸 우리가 왜 모르겠는가.

아이들이 저희 둥지로 돌아가고 나서도 줄곧 마음이 편치 않았다. 아들이 결혼해서 성가를 할 때까지 젓가락 하나, 동전 한 닢 보태지 못했다. 남편은 생사를 넘나든 투병 생활로 아들의 결혼식에도 참석하지 못했다. 그런저런 이유로 지금 생활비도 아들 내외에게 기대고 있는 처지가 아닌가.

차를 바꾸란다고 날름 새 차를 받아든 건 아무리 생각해도 염치없었다. 하지만, 이미 쏘아놓은 화살이었다. 기쁘게 차를 이용하는 것만이 아이들의 마음에 보답하는 일임을 곧 깨달았지만, 마음속 염치의 무게는 사라지지 않고 지난 기억만 모락모락 피어올랐다.

며느리가 우리 가족이 된 지 삼 년째 되는 해에 내 친정아버지가 돌아가셨다. 장례식 장소가 서울에 있는 병원이었다. 남편은 투병 중이라 맏사위인데도 조문 길에 오를 수가 없었다. 하는 수 없이 마음의 절반은 남편 곁에 두고 서울 가는 고속열차에 몸을 실었다.

장례 첫째 날, 상례에 함께 했던 며느리가 이튿날에는 모습이 감감했다. 직장 일이 늦어지나 보다 생각했으나 시간이 한참 지나도 나타나지 않았다. 이럴 며느리가 아닌데 무슨 일이 생긴 것일까? 전화조차 없으니 더 초조했다. 시외조부 상례에 첫날 한 번 삐쭉 모습을 내민 뒤 감감소식인 며느리가 예의범절을 모르는 아이 같아 영 마땅치 않았다. 뭣보다 착하다고 입에 침이 마르도록 칭찬한 며느리를 형제자매들이 어찌 볼지 신경이 곤두섰다.

밤 열 시가 넘어 며느리로부터 전화가 왔다.

"어머니, 저 어머니께 꾸중 들을 짓 했어요. 여기 울산이에요." 하는 며느리 음성이 고막을 울렸다. 머리를 한 방 맞은 듯 멍했다. 홀로 병석에 있는 시아버지가 걱정되어 나흘간 직장에다 연가를 내고 울산으로 왔다는 말에 나는 할 말을 잊었다. 가슴이 뭉클해지면서 갖은 억측으로 마음을 들볶았던 내 자신이 머쓱하고 부끄러웠다. 며느리가 한 행동을 전해들은 내 형제자매들은 "요즘 며느리 중에 민선이 같은 며느리는 없다"고 칭찬을 아끼지 않았다. 나는 잠시 아버지 잃은 슬픔을 내려놓고 어깨에 잔뜩 힘을 주었다.

며느리가 우리 가족이 된 지 아홉 해다. 그동안에 있었던 자랑거리를 다 읊을 수는 없다. 무엇보다 며느리가 우리를 행복하게 하는 것은 손녀 지온이가 세상에 태어나고부터 여섯 살이 된 지금까지 매일 사진이나 동영상을 보내오는 일이다. 시부모의 낙이 화면에서나마 손녀를 보는 거라고, 비가 오나 눈이 오나 사진을 찍어 보낸다는 게 결코 쉬운 일은 아닐 것이다. 퇴근하는 길에 시부모께 전화해서 그날 일어난 일을 조곤조곤 들려주는 며느리도 흔하지는 않을 것이다.

며느리도 자식이라는 말을 흔히 듣는다. 하지만 실제의 관계에서는 의무의 범주를 벗어나지 못하는 경우를 종종 본다. 앙앙불락인 고부 관계가 사람들의 입방아에 자주 오르내리는 것은 피차가 뼛속까지 내 가족으로 인정하지 않아서일 게다. 텔레비

전 토크 프로에서 요즘 며느리를 일컬어 '다른 인류'라는 표현을 쓰는 걸 보고 깜짝 놀랐다.

그런 사람들을 보노라면 내 며느리가 더욱 돋보인다. 우리 부부에게 며느리는 '다른 인류'가 아니다. 아들자식 못잖은 며느리자식이다. 오늘은 무슨 소식을 보내올까? 스마트 폰의 신호음에 귀 기울인다.

케렌시아

집을 나왔다. 낮에는 그렁저렁 시간을 보냈으나 어둠의 장막이 도시를 에워싸고부터 마땅히 갈 곳이 없다. 사십 년을 살아온 도시에서 우리 집 말고 내 몸 하나 편히 깃들 곳이 없다는 사실이 기막히다. 오늘 밤, 나의 케렌시아가 되어 줄 곳은 어디인가. 케렌시아는 스페인 말로 생활에 지친 사람들이 휴식을 취하는 구석진 장소를 일컫는 말이다.

때맞춰 '불가마 사우나'란 간판이 눈에 들어온다. 계모임에서 부부싸움을 할 때마다 찜질방에서 밤을 지샌다는 소리를 들었다. 어느새 발이 먼저 간판 있는 방향으로 걸음을 뗀다.

계산대에서 열쇠와 황토색 유니폼을 받아들고 탈의실로 들어가 옷을 벗고 사우나실로 향한다. 목욕탕은 사람으로 이루어진 밀림 같다. 벌통에 든 듯 알아들을 수 없는 소리가 천장 높은

탕 안을 흘러 다닌다. 벌거벗은 많은 사람 속에서 망망한 대해에 홀로 떠 있는 섬 같은 기분이 드는 건 어째서일까? 아침에 남편이 던지듯 한 한마디 말이 쇳덩이의 무게로 가슴을 누른다. 영혼의 무게는 21g이라는데 내 마음 무게는 천근인 듯 무겁다. 소나기인 양 차가운 물을 틀어 맞아 보지만, 마음은 좀체 가벼워지지 않는다.

 샤워를 끝내고 2층에 있는 찜질방으로 간다. 이곳은 목욕탕보다 더 만원이다. 그런데도 사람들이 꾸역꾸역 들어온다. 한 사람 발붙일 공간이 없어 보이건만 사람들은 잘도 끼어든다. 찜질방이 고무풍선처럼 늘어나는 것일까. 사람 수가 연방 보태져도 '콩 포대에 쌀 스며들듯' 표가 나지 않는다.

 수면 의자에 누워 잠이 든 사람, 오늘 관광이 어땠느니 침을 튀기며 열을 올리는 사람, 한구석을 차지하고 만두 파티를 벌이는 사람 그야말로 도떼기시장이 따로 없다. 벽에 붙어 있는 '음식물 반입 금지'는 아무런 역할을 하지 못한다. 꼭 끌어안은 채 얼굴을 맞대고 잠이 든 풋풋한 남녀는 뭇사람에게 눈요깃감이 된 줄도 모르고 참 맛있게도 잔다. 하기야 깊이 잠든 그들에게 본적 없는 낯선 시선이 무슨 대수겠는가.

 사람들은 눈길이 마주쳐도 표정이 없다. 똑같은 복색의 옷을 입고, 같은 시간, 같은 공간에서 보이지 않는 사물인 양 서로에게 무심할 수 있다는 게 놀랍다. 나 역시, 숯가마 방으로, 보석

방으로 델 것 같은 뜨거운 방들을 순례하면서도 타인의 시선을 의식하지 않는다.

이곳저곳 기웃거리며 시간을 보내는 동안 어느덧 자정이 가깝다. 많은 이가 집으로 돌아갔다. 그런데도 휴게실은 여전히 복작인다. 눈을 붙이기 위해 여성 전용 수면실을 찾아 발길을 옮긴다. 수면실은 잠든 사람으로 가득 찼다. 한구석에 겨우 몸을 눕힌다. 불가마 방이 바로 곁인데도 수면실 공기는 소름이 돋을 만큼 선뜻하다. 담요 한 장을 이천 원에 대여한다. 담요를 덮어도 한기는 좀체 덜어지지 않는다. 담요 없이도 깊은 잠에 빠진 사람과 담요를 둘러쓰고도 한기에 떠는 나와는 무슨 차이가 있을까?

애써 잠을 청하려는데 아기가 칭얼대는 소리가 들린다. 이런 곳에 웬 아기 소리? 몸을 일으켜 두리번거린다. 두 사람 건너에 돌잡이로 보이는 아기가 찡얼대고 있다. 아기가 보채든 말든 아랑곳없이 천장을 바라보고 누워 있는 젊은 엄마의 얼굴에는 분노가 서려 있다. 어스름한 빛에서 표정을 가늠하는 건 불가능하다. 그러니 분노가 서려 있다는 표현은 다분히 주관적이다. '남편과 싸우기라도 한 것일까?' 그녀에게서 내 모습을 본다.

인생을 다 살아 잔잔한 호수가 된 지 오래라고 생각했던 내 마음에도 말 한마디에 파문이 이는데 하물며 젊은 그녀야 다툴 일이 오죽 많을까! 작은 회오리에도 중심을 잃고 허둥거리는 게 젊은 날이 아니던가. 낯선 사람으로 에워싸인 이곳이 그녀에게는 잠시 잠깐 안전지대가 될 수도 있겠다는 생각을 한다.

수면실 문을 열고 들어온 사람이 방 구석구석을 휘둘러본다. 몸 뉠 곳을 찾는 눈치다. 둘러보는 시선을 느낄 때마다 담요에 몸을 가리고 누워 있는 내가 동물원의 원숭이같이 느껴진다. 그들 역시 마주 보는 나의 시선이 따가웠으리라. 그렇구나! 세상 속에서 사람과 어울려 살아가는 일은 나는 공연이고 남에게는 구경거리라는 걸 문득 깨닫는다.

"당신 때문에 내 인생이 꼬였어."

남편이 한 말은 진심이었을까? 나는 남편 인생의 구경꾼이 아니었다. 그와 나는 같은 무대에서 같은 제목의 드라마를 엮어가는 공동운명체라는 걸 단 한 번도 의심하지 않았다. 서로에게 보호구역 같은 존재라고 믿으며 인생 풍파를 건너왔다. 그랬는데 남편은 아니었던 모양이다. 머리가 깨어질 듯 아프다. 벌떡 일어나 수면실을 나온다. 밤이 깊어서일까. 사람들은 적막을 이불 삼아 잠이 들었다.

휴게실은 전쟁을 치르고 돌아온 병사들이 지쳐서 잠이 든 모습을 그려 놓은 화면 같다. 새우등처럼 오그린 사람, 비좁은 사람들 틈바구니에서 大자로 누워 코를 고는 사람, 개구리처럼 엎드린 사람, 잠자는 모습도 가지가지다. 내게는 저들이 삶이란 전쟁터에서 피신한 사람들로 보인다.

케렌시아 137

생면부지의 사람들이 한 공간에 누워 잠이 들었다. 들숨과 날숨이 섞이고 그 공기가 서로의 폐로 들어가 심장을 움직이는 동력이 된다는 사실이 나를 전율케 한다. 이방인 대하듯 무심했던 낯선 이들끼리 서로의 몸속을 들락거린 공기를 마신다. 옷자락만 스쳐도 겁의 인연이 있어야 한다는데 도대체 몇 겁의 인연이 있기에 오늘 밤 나는 저들과 숨을 나누는가.

잠은 가려서 자라는 옛말이 있거늘, 이곳에서 잠든 사람들이 측은해서 가슴이 쏴 하다. 오늘 밤, 저들은 그동안 쌓였던 고단한 삶을 위로받고 잠이 들었을까. 벽에 걸린 시곗바늘이 새벽 두 시를 가리킨다. 남편 역시 이 시간쯤엔 새우등처럼 오그리고 잠이 들었을 것이다. 이불을 덮어줘야 하는데! 그와 숨을 나눈 지가 사십 년이 넘었다. 투명인간처럼 서로를 모른 채 살아가기에는 쌓인 시간이 산을 이루었다.

아침이 되면 어떤 표정들을 지으며 잠에서 일어날까? 마치 홀로 자다 깬 것처럼 데면데면한 얼굴로 서로에게 미소 한번 건네지 않고 저마다의 삶터로 돌아갈 것이란 사실이 나를 우울하게 한다. 돌아가는 모두의 뒷자락엔 고독이란 놈이 어슬렁어슬렁 따르고 있겠지.

이제껏, 사람들이 찜질방을 찾는 것은 피로를 내려놓기 위하여, 혹은 일상에 지친 몸을 잠시 잠깐 쉬고 싶어서라고 생각했었다. 그게 다가 아니었다. 아파트로 우거진 이 도시에서 잘 곳이 없어 찾아든 사람이 많다는 사실에 놀랐다. 나처럼 임시방편의 안전지대가 필요해 찾아든 사람도 더러 눈에 띄었다.

   그러고 보면, 이곳은 도시의 케렌시아가 아닌가. 나만 삶이 고단한 건 아니었다. 내게 일어난 분노나 슬픔이 별것 아니라는 용기를 얻었으니 오늘밤은 여기가 나의 케렌시아다.

청복

모임에서 용한 작명가가 있다는 소리를 들었다. 희한하게도 그 사람은 호적에 등록된 생년월일과 한글 이름으로 사주를 본다고 했다. 작명가에게서 상담을 받은 뒤에 이름을 바꾼 이가 한둘이 아니었다. 사주팔자 믿지 않는 대학교수 아무개도 이름을 바꿨다고 했다.

살아오면서 점이라는 것에는 관심이 없었다. 복은 타고난다거나 이름에 길흉화복이 들었다는 소리는 재미로만 듣는 남의 얘기였다. 그랬던 내가 귀가 솔깃했다. 얼마나 똑 떨어지게 맞추기에 지성의 표상인 대학교수가 이름을 바꿀까. 굳이 발품 들여 먼 길을 가지 않아도 전화 한 통이면 상담이 가능한 일이라니 더 마음이 쏠렸다.

집에 돌아오자마자 문제의 작명가에게 전화를 걸었다. 생년

월일과 이름을 말하고 일이 분이 지났을까, "아주머니 이름에 청복이 들었다."는 대답이 돌아왔다. 청복이 뭔지 확실히는 몰랐지만, 복이 들었으니 좋은 이름일 거라고 미루어 짐작했다. 이어지는 말이 사람을 혹하게 했다.

"사업하지 않았어요? 좋은 부모, 좋은 형제를 두었군요. 인복이 많은 팔자라 동서로 도와주는 사람이 널렸네요."

어떻게 나이와 이름만으로 보지도 않은 사람의 운명을 알 수 있는지 신기했다. 사업으로 돈을 벌어 부자는 못됐지만, 평생을 먹는 고생, 입는 고생은 하지 않고 살았다. 선량한 부모에게서 태어나 우애가 남다른 일곱 남매 속에서 자랐으니 인복은 많은 셈이었다. 살아오는 동안 어려움에 부닥칠 때는 혈육처럼 도와주는 인연이 있었다. 부러 그렇게 설정하려 해도 어려운 일이었다. 신기한 느낌에다 청복을 타고난 이름이라 하니 기분까지 좋았다.

내친김에 남편 이름도 상담을 받아보기로 했다. 이름을 말하자 대뜸, "이분 아직 살아 있어요? 이분은 쉰 살밖에 못 사는 사주인데, 이분하고 관계가 어찌 되세요?" 했다.

남편이라고 하자 작명가는 그제야 의문이 풀렸다는 듯, 아주머니 청복 덕분에 남편분이 여태 살아있는 거라고 확신에 차서 말했다. 내가 가진 청복 덕에 오십 안쪽에 명을 다할 남편이 여태 살아 있는 것이라니 기가 막혔다. 되돌아보니 죽을 고비를 몇 번이나 넘긴 남편이었다.

첫아이를 낳은 이튿날이었다. 경찰이었던 남편은 그날도 오토바이를 타고 외근 길에 나섰다. 업무를 마치고 돌아오다 근무지를 코앞에 두고 깜빡 졸았다. 전날 밤, 해산하는 마누라 때문에 눈 한 번 붙여보지 못했으니 졸음이 오는 건 당연했다. 남편이 졸았던 곳은 아래로 시퍼런 물이 흐르는 높은 다리 위였다.

오토바이는 다리 끝머리에 있는 교각 기둥을 들이받고 수십 미터를 날았다. 당연히 오토바이는 산산이 부서졌다. 도로 아래 있는 사택 마당에 공사하려고 쌓아둔 모래더미에 떨어진 남편은 기절을 잠깐 했으며, 손가락뼈 하나가 골절된 거 말고는 멀쩡했다.

모래더미 옆에는 콘크리트로 지은 우물도 있었고, 사택을 에두른 높은 담장도 있었다. 사람들은 그 모든 걸 요리조리 피해 모래더미 위에 떨어진 남편을 두고 기적이라고 했다. 내가 생각해도 그건 기적이었다. 천운 같은 일은 그 뒤에도 일어났다.

운전을 하던 중, 마주 오는 차와 충돌하는 사고가 일어났다. 차는 앞부분이 몽땅 부서졌으며 핸들이 왕창 찌그러졌는데도 운전한 남편은 어느 한 군데 다친 곳이 없었다. 언덕 아래 처박힌 차를 견인하러 온 기사가 옆에 있는 남편에게 말했다.

"이 차 운전자는 죽었겠네요?"

"내가 운전잔데요."

견인차 기사는 남편의 대답에 깜짝 놀라 눈을 휘둥그레 떴다. 차가 폐차할 만큼 부서졌는데 운전자가 멀쩡한 자세로 서 있다는 게 영 믿어지지 않은 얼굴이었다.

사다리에서 떨어져 척추가 바스러진 사고를 당한 일도 있었다. 정상적인 상태를 회복할지 장담을 못한다는 의사의 말은 가장인 남편을 초인적인 의지로 무장하게 했다. 가족의 생계를 위해 의사도 놀랄 만큼 단기간에 정상인의 대열에 복귀하여 일터로 나서던 남편의 모습은 지금 생각해도 눈시울을 젖게 한다. 그것으로 생명의 위협이 끝난 게 아니었다.

자식농사 다 끝내고 조금은 느긋하게 살아도 되겠다며 마음의 나사를 풀던 예순 나이에 무시무시한 불청객이 남편을 찾아왔다. 입원하기 전, 전화번호를 지우고 신변을 정리한 남편은 죽음을 맞을 준비를 하고 담담하게 투병에 임했다.

남편은 말기 암과 비교되는 백혈병을 거뜬히 물리쳤다. 거기다 암 환자의 저승사자라 일컫는 병원성 폐렴까지 한꺼번에 이겨냈다. 우리나라에서는 혈액암 환자가 병원성 폐렴에 걸린 경우 회복한 사례가 없다고 했다. 남편은 전례를 깨고 두 병마를 동시에 이겨낸 사람으로 이름을 올렸다.

남편이 많은 사고와 위중한 병에서 기적처럼 무사했던 게 내가 타고난 청복 덕분이었다니! 사주를 믿지 않으려고 애썼던 그동안의 마음이 흔들렸다. '설마, 작명가가 생판 거짓말을 하고 남의 돈을 먹을까' 하는 생각이 들었다.

　작명가와 통화를 하는 동안 송화구를 가리고 곁에 있는 남편에게 중계방송을 한 나는 전화를 끝내고 우쭐대듯 말했다.

　"당신 나한테 잘해야겠다! 나 아니면 당신 이 자리에 없을 거 아냐!"

　"그런 사주 나라도 보겠다. 딱 보니 목소리 듣고 짐작해서 말하네. 당신 목소리가 밝잖아. 그걸로 좋은 환경에서 자랐다고 유추하는 거지. 살다가 죽을 고비 안 넘기는 사람 몇이나 되겠노. 여자들이 어리석기는……."

　남편의 말 한마디에 청복을 타고났다고 우쭐했던 마음이 시든 푸성귀 꼴이 되었다. 그러해도 타고난 청복으로 혼자되는 팔자를 면한 건지도 모른다는 생각은 지워지지 않았다.

짝퉁 얼굴

나이가 들면 좋은 게 있다. 외모로부터 자유롭다. 나이가 들고 나서 깨달은 건 외모는 인생의 조건이 아니라는 사실이다. 혼기가 닥친 처녀 총각에게 이 말을 들려주면 '바야흐로 외모가 실력인 시대라는 걸 모르는 소리'라고 말할지도 모른다. 나 역시 젊은 날에는 못난이 인형을 앞에 두고 내 모습이 이럴까 연상하며 고민했었다.

내가 네다섯 살 무렵, 우리 집에는 시집가기 전인 고모가 둘 있었다. 고모들은 걸핏하면 나더러 "코로 숨 쉬어 봐라!" 하곤 했다. 나는 어찌해야 코로 숨을 쉬는지, 또 숨이 무언지 알지 못했다. "입을 다물어봐라" 해서 시키는 대로 하면 "아이고, 그것도 콧구멍이라고 숨을 쉬네."라며 깔깔댔다.

고모들이 시집을 가고 나는 초등학생이 되었다. 제사나 명절

때 친정에 온 고모들은 "우리 동조 못 생겨가 얻다 치워 먹노." 라며 고개를 절레절레 흔들었다. 근동에서 알아주는 미인인 고모들이 못생긴 내 얼굴을 심심파적 삼아도 나는 기가 펄펄한 말괄량이였다.

오빠는 내게 참 잘해 주었다. 그런 오빠도 내 외모를 앉아서 갖고 노는 공기나 운동장에서 발로 뻥뻥 차는 공쯤으로 알았다. "코는 자전거 앉을 판, 눈은 와이셔츠 단춧구멍, 입은 하마 입" 하고 놀렸다. 놀려먹는 오빠가 재미있어 하듯, 놀림을 받는 나 또한 깔깔거리며 오락쯤으로 눙쳤다.

어찌 된 셈인지 사춘기가 되고부터 오빠의 놀림이 한쪽 귀로 흘려지지 않았다. 언제 씨앗이 뿌려졌는지도 모르게 외모에 대한 열등감이 싹을 틔워 가슴 한쪽에서 무성히 자라나고 있었다. 오빠는 농담으로 하는 자신의 말이 동생의 열등감에 거름이 된다는 사실을 알지 못했다.

수업 시간에 선생님이 곁으로 오셔서 눈앞으로 손을 올렸다 내렸다 할 때가 있었다. 떴는지 감았는지 짐작을 할 수 없어 혹시 잠든 거 아닌가를 확인하기 위해서였다. 그럴 때는 서글픔이 스멀스멀 괴어올라 졸음이 확 달아나곤 했다.

돌이켜보면 나는 사춘기의 열등감을 왈가닥처럼, 사내처럼 행동하는 것으로 극복했던 거 같다. 스무 살이 넘어서도 얼굴에 로션 하나 바르지 않았으며 복색은 남자처럼 하고 다녔다. 결혼을 하지 않기로 마음을 굳힌 뒤로 내게 외모는 별로 중요하지 않았다. 동료 여직원들이 성형수술을 하면서 나보고도 코를 높여라, 쌍꺼풀을 해라 바람을 넣었지만 타고난 얼굴을 굳건히 고집했다.

그러다 연애를 하게 되었다. 연애감정이라는 게 희한했다. 왈가닥인 내가 거울을 보고 외모를 살피도록 바꿔놓았다. 아무리 거울을 들여다봐도 못난 얼굴이 예뻐질 리는 만무했다. 그 무렵부터 내 얼굴은 화장품을 알았다.

하루는 나를 보자마자 그가 싱글벙글했다.

"있잖아, 지나가는 자기 또래 여자들을 못생긴 여자와 예쁜 여자로 나눠봤거든. 열한 명 중에서 자기보다 못난 여자가 한 명 더 많더라."

그 소리를 듣는 순간 다리에 힘이 쑥 빠지면서 가슴으로 쏴 하고 바람이 지나갔다. 내 외모를 두고 고모들이 놀림가마리를 삼아도, 오빠가 공깃돌처럼 갖고 놀아도 가슴에 이는 열등감쯤 꿋꿋하게 눙쳤던 내가 그의 말 한 마디에 감정이 요동쳤다. 얼마나 못생겼으면 그런 궁여지책으로 위로를 삼으려고 했을까 하는 생각에 연애고 뭐고 다 그만두고 싶었다.

결혼을 하고 나서 알았다. 남편은 외모가 밥 먹여 준다고 생각할 만큼 생김새를 으뜸으로 치는 시부모님 밑에서 자랐다는 사실을. 남편 역시 가랑비에 옷 젖듯 외모 지상주의에 물들어 있었다. 그런 사람이 왜 나를 아내로 선택했는지 이해할 수 없었다.

나중에야 나름대로 계산속이 있었다는 걸 알았다. 내가 순해 보여서 자신의 급한 성정과 잘 어울릴 거라고 생각한 것이다. 탁월한 선택을 했다는 말이 진심인지는 알 수 없었지만, 아이를 낳고 기르는 동안 외모에 대한 콤플렉스는 자취를 감췄다.

내 눈은 지금 쌍겹이 져 있다. 마흔 들어 수술로 얻은 쌍꺼풀이다. 사족을 달자면 예뻐지려고 만든 것이 아니고 속으로 자란 속눈썹이 눈을 찔러 수술을 했다. 퉁퉁 부은 눈을 하고 누워있는 내게 초등생 아들이,

"어머니, 호박에 줄긋는다고 수박 됩니까?" 하면서 입이 튀어나왔다. 눈썹이 찔러서 한 수술이라고 해도 믿으려 하지 않았다. 순수한 아이 눈에는 성형수술을 한 어미가 부끄러웠을 것이다.

친구의 딸은 유명대학을 나왔다. 취직을 하려고 몇 번씩이나 도전했으나 마지막 관문인 면접시험에서 매번 낙방의 고배를 마셨다. 이유를 짐작하는 친구가 딸에게 성형수술을 하라고 권했다. 하지만 처녀는 얼굴을 고쳐서까지 취직할 생각이 없다고 잘라 말했다. 자신의 능력을 알아보는 회사가 언젠가는 나타날 거라면서 이력서를 쓰고 또 쓴단다. 친구는 그런 딸을 보면서 죄인 같은 심정이 된다고 하소연했다.

젊은 사람들은 공공연히 외모가 능력이라는 말을 한다. 말이 되지 않는 소리지만 이미 현실로써 자리를 잡았다. 친구의 딸이 가진 가치관을 고루하다고 하는 사람이 의외로 많다. 성형은 이 시대의 거대한 봇물 같은 사조가 된 지 오래다. 방송에서 자신이 어느 부분에 성형을 했노라 당당하게 밝히는 남자 연예인을 보면 놀랍기만 하다.

그렇지만 성형을 한 미인이 내 눈에는 여전히 줄그은 호박으로 보인다. 핸드백이나 구두에만 짝퉁이 있는 것이 아니다. 사람의 얼굴에도 짝퉁이 있다. 드라마를 보면 비슷한 얼굴이 사람을 헷갈리게 한다. 한 공장에서 찍어낸 것 같다. 잘못하면 사람을 두고 진품명품을 가리게 생겼다. 내 얼굴도 수술로 쌍꺼풀을 얻었으니 진품으로 뽑히기는 영 글렀다. 그래도 잘 늙어 예쁜 할머니 소리는 듣고 싶다. 그날을 위하여 방긋 웃어본다. 웃음은 짝퉁이 아니지 않은가!

똥간 갤러리

　나무는 시나브로 말라야 갈라지지 않는다. 이름난 목공예 장인들이 원목을 사서 오랜 시간 그늘에서 말려 사용하는 것도 변형이 오는 것을 막기 위해서라고 한다.
　남편의 소원은 잘 건조된 나무를 더미로 쌓아놓고 조각을 하는 것이다. 그게 아파트라는 제한적 공간에서는 이룰 수 없는 소망이어서 필요할 때, 필요한 만큼만 사들여서 사용했다.
　지난해 어느 날, 삼백 킬로 떨어진 지방의 목재소에 맞춤한 나무가 있다며 달려간 그는 늦은 밤, 돌아올 때는 물에 퉁퉁 불어터진 나무를 싣고 왔다. 좋은 목재가 있다며 신이 나서 달려간 결과치고는 너무나 의외였다. "기껏 물퉁이 나무 산다고 빗길에 달려갔느냐?"는 내 볼멘소리에 남편의 대답이 생뚱맞았다.

목재소 마당에 차를 세운 그의 눈에 비에 젖는 한 무더기 나뭇등걸이 보였다. 인터넷에 올려있던 그럴싸한 사진과는 실물의 외양이 너무나 달랐다. 노지에 쌓아둔 지 하루 이틀이 아닌 듯 나무속에까지 물기가 배어 있었다. 실망으로 돌아서 나오려니 삭아가는 나무둥치를 두고 쉽사리 발걸음이 떨어지지 않더라고 했다. 베어진 나무에도 사람이 알지 못하는 영이 있다고 믿는 그는 결국 그 자리서 값을 치렀다.

잘린 나뭇등걸에 영이 있다는 말에는 기가 딱 막혔다. 젖은 나무를 어떻게 할지 대책도 없이 이미 목숨이 끊어진 식물 토막에 연민을 느껴 값을 치렀다는 그를 이해할 수 없었다. 어쩌겠는가, 이미 벌어진 일이었다.

목재소에서 일정 크기로 잘라서 왔다는 데도 작은 토막 하나도 나는 들 수가 없었다. 물을 머금은 나무가 얼마나 무거운지 그때 알았다. 엘리베이터도 없는 아파트 육 층까지 남편 혼자 오르락내리락 들어 올렸다.

몇 날 며칠, 고민이 이어졌다. 나무가 제대로 건조되기까지 부지하세월 손 놓고 기다릴 것인지, 새로운 나무를 사들일 것인지 결정하기까지 꽤 시간이 걸렸다. 베란다에는 나무젓가락 하나 더 얹을 공간이 없다는 데 생각이 미친 그는 마른 나무 사는 것을 포기하고 그예 조각칼을 들었다.

젖은 나무로 만든 조각품은 갈라짐 현상에서 자유롭지 못했다. 당연히 힘들여 한 작업을 무위로 만드는 위험부담을 각오해야 했다. 껍질을 벗기고 형상을 잡는 동안, 새중간마다 갈라짐을 예방하는 조처가 병행되었다. 조처라는 게 수분의 증발을 막는 임시방편이었다. 작업은 더디고 힘은 곱빼기로 들었지만, 애써 만든 작품이 금이 가게 버려둘 수는 없는 노릇이었다.

완성한 조각품은 공기가 닿지 않도록 꼭꼭 여미며 보관했다. 건조를 시켜야 마땅한 것을 물기가 달아날까 전전긍긍하는 남편의 모습은 가여울 만큼 보기에 딱했다. 그때 불현듯 머리를 스친 생각이 인도네시아 발리 섬 여행에서 본 조각품이었다.

가게마다 산더미로 진열된 조각품 중에 금 간 것이 하나도 없었다. 유심히 살폈으나 실금 하나 내 눈에는 띄지 않았다. 목조각의 특성상 드문 현상이었다. 안내자는 습도 지수가 80% 넘는 날씨 덕분이라고 했다. 고온다습한 공기가 갑작스러운 수분 증발을 막아 금방 벤 나무로 조각을 해도 갈라지지 않는다고 했다. 멀쩡했던 작품이 이국 손님에게 팔려 간 뒤 금이 갔다며 종종 항의가 들어오는 것도 다른 나라의 건조한 기후가 원인이라고 했다.

가이드의 말대로라면, 천천히 말리는 것이 관건이었다. 우리 집에서 80% 습도 유지가 가능한 곳은 화장실밖에 없었다. 작품이 완성되는 족족 화장실에 보관하자는 나의 제안에 남편은 얼굴을 붉혀가며 도리머리를 쳤다. 어디 둘 곳이 없어 하필이면 냄새나는 똥간이냐며 화를 냈다. 머쓱해진 나는 입을 다물었다.

며칠 뒤, 뾰족한 대책이 없던지, 남편은 화장실 욕조 위 공간에다 원목 송판으로 진열대를 만들었다. 혹여 금이라도 갈까, 잠시 잠깐도 마음을 놓을 수 없었던 조각품들이 모습을 드러내어 벽면을 가득 채웠다. 낡고 추레하던 화장실이 세련된 모습으로 탈바꿈했다. 거기다 조각들은 마치 살아 있는 물체처럼 기를 발산했다. 남편은 가슴이 벅찬 눈치였다. 나는 그를 향해 말해 주었다. "당신이 다 죽은 나무를 부활시켰네."라고.

그날부터 우리 집 화장실은 '똥간 갤러리'로 이름을 바꿨다. 과연 화장실이 조각품을 갈라지지 않고 마르게 하는 역할을 할 것인지 걱정이 되었다. 일 년 가까운 세월 동안 가진 힘 모두를 오롯이 기울인 작품들을 가림막 하나 없이 펼쳐 놓았다는 건 남편으로서는 굉장한 모험이었다. 자칫 공든 탑이 무너지는 결과를 맞을 수도 있었다.

시간을 두고 관찰한 결과는 대성공이었다. 자연의 질서는 '천천히'가 진리라는 걸 확인하는 순간이기도 했다. 서서히 수분이 증발한 결과는 놀라웠다. 갈라지는 현상이 뚝 멈춘 데다 시간이 흐를수록 조각품의 무게는 가벼워졌다. 우리는 조각품에 금이 가지 않고도 말릴 수 있는 방법을 찾아냈다. 남편에게는 대박 사건이었다.

그는 물에 퉁퉁 불어 썩어가는 나무토막에서 '영'을 느꼈다고 했다. 나는 거멓게 썩은 껍질을 도려내느라 끙끙거리는 남편의 뒷모습을 보며 '저런 것에 어떻게 영이 있다고 할까!' 비웃적거렸다. 형상을 갖춘 조각품들은 그랬던 나를 부끄럽게 만들었다. 마치 그것들은 생명을 다시 얻은 존재처럼 내 생각이 그르다고 말해 주는 것 같았다.

목각장이의 유토피아

　이곳은 발리의 우붓이다. 1920년대 네덜란드 식민지 시대부터 원주민의 뛰어난 손재주가 널리 알려져 예술마을이라는 이름을 얻은 곳이다. 그중에서 '데사 마스' 지역은 목조각이 유명해서 조각마을로 불린다.
　'조각 마을'은 남편이 늘 가슴에 담고 있던 유토피아였다. 어쩌다 텔레비전 화면에서 나무를 깎는 이곳의 장인이 나오면 눈을 떼지 못했다. 흑단으로 빚은 조각품을 바라보는 그의 눈빛은 부러움과 찬탄으로 일렁이곤 했다. 조직이 치밀해서 돌처럼 야물다는 흑단으로 갖가지 형상을 빚어내는 우붓의 장인들은 대체 어떤 손을 가졌을까, 남편은 그들이 작업하는 광경과 작품을 한 번이라도 가까이서 보고 싶어 했다.
　남편은 눈앞에 그득히 진열된 작품을 보고 무슨 생각을 할까.

흘끗 본 그의 얼굴은 소원을 이루었다고 감격하는 표정과는 거리가 멀다. 평생을 만들어도 상점의 절반을 채우기도 힘들 거라고 양에서 지레 절망을 하는지도 알 수 없다. 조각칼 하나로만 형상을 다듬는 그에게는 도무지 가늠이 되지 않을 양이다. '데사 마스'에는 이런 가게들이 셀 수도 없이 이어져 있다.

겨우 몇 군데만 들렀을 뿐인데도 예술성은 차치하고 어마어마한 양에 놀라고 작품의 다양함에 주눅이 든다. 섬세하고 사실적이어서 마치 살아 있는 것처럼 느껴지는 동물에서부터 괴이쩍은 신의 모습까지 없는 것이 없다. 신체 한 부분을 과장되게 표현, 상징성을 강조한 형상도 여럿이다. 이 많은 조각품을 누가 다 만들었을까! 나무를 빚어 사물을 표현하는 일이 힘들다는 것을 아는 우리는 벌어진 입을 다물지 못한다.

남편은 목각장이다. 오직 나뭇결과 향기가 좋아서 조각을 한다고 말하는 사람이다. 몇 번 작은 전시회는 가졌지만, 그 바닥에 이름을 올리지도 못했다. 거듭된 작업으로 어깨와 팔이 심하게 아파 잠을 이루지 못할 때가 많다. 제발, 아프다는 소리 하지 말고, 기계 공구로 작업하라고 재우치는 소리를 하면 딱따구리는 오로지 부리 하나로 나무를 쪼아 집을 만든다고 받아친다.

모 연예인이 놉을 사서 그린 그림에 자신이 붓 몇 번 대어 완성한 뒤, 버젓이 자신의 이름을 새겨 돈을 사는 것이나, 기계의 힘을 빌려 완성한 조각을 자기 작품이라고 하는 조각가나 도덕

적으로 어떤 차이가 있느냐고 하는 데는 할 말이 없었다. 바쁘고 다난한 이 시대에 고집을 굽히지 않는 남편을 나는 이해하지 못한다.

상점 한쪽에서 기계 소리가 시끄럽다. 어라! 이건 또 무슨 풍경인가! 웃통을 벗은 남자가 자동톱으로 쓱싹쓱싹 나무를 자르더니 자동 공구를 이용하여 조각상의 윤곽을 잡고 있다. 잠깐 사이에 투박한 원목이 코끼리의 형상을 얼추 갖춘다. 그것을 옆 사람에게 넘기자 소리도 요란하게 거칠고 우묵한 부분을 스르륵 기계로 다듬는다.

다른 한쪽에서는 여인 하나가 힌두신의 조각을 사포질하고 있다. 사포질도 윙윙거리는 자동공구로 한다. 우리를 기함하게 한 것은 작품에 입히는 도색이다. 그들은 우리의 눈앞에서 휘발유에 구두약을 섞어 조각품에 바른다. 비밀이 아니라 공공연히 이루어지는 기법인 듯하다. 이내 갈색의 나무색이 검은색으로 둔갑한다.

누가 봐도 흑단으로 빚은 조각상이다. 신상은 휘발유 냄새를 사방에 뿌리며 근사하게 바뀐 검은 자태를 자랑한다. 우리는 그 자리서 얼어붙고 말았다. 텔레비전에서 오로지 조각칼 하나로만 색감과 결을 살려 나무를 깎는다는 해설을 분명히 들었다. 남편은 그 말을 곧이곧대로 믿었다. 그런데 아니다.

안내원이 흑단 가격이 천정부지로 솟은 데다 덩치가 큰 것은 구하기가 어려워 구두약을 입혀 흑단을 대신한다고 일러준다. 이국의 손님들이 그 사실을 알고 물건을 사느냐는 물음에는 셈 평을 하는지 모호한 웃음으로 얼버무린다. 이곳은 여행객들에게 보여주기 위하여 시연하는 곳이고 건물 뒤편으로 돌아가면 삼십 명의 인원이 분업 형태로 조각품을 만드는 걸 볼 수 있다고 친절을 보탠다. '원 조각가'가 작품을 설계해서 넘겨주면 나머지는 일꾼들이 알아서 완성한단다.

이건 또 무슨 소린가. 분업에 복수 생산이라니! 일순 남편은 무중력 상태에 빠진 듯 허공에 걸린 얼굴이 된다. 문명에 물들지 않은 순정한 영혼으로 빚은 작품을 보겠다고 몇 년을 벼러서 머나먼 나라까지 날아왔다. 그동안 꿈꿔왔던 기대가 와르르 무너지는 소리가 들리는 것 같다. 내가 맥이 빠지는데 남편의 실망감은 오죽할까.

이제야 알겠다. 시장이나 '데사 마스' 상점에 똑같은 상품이 무더기로 나와 있는 까닭을! 오로지 돈을 사기 위하여 찍어내듯 조각품을 만들어냈다. 남편은 그것도 모르고 오랜 시간 경외심을 가지고 이곳을 그리워했다. 설사 예술성이 뛰어나다고 해도 디자인 따로, 조각 따로, 사포질 따로 분업해서 만들어지는 조각품이 과정을 중시하는 남편의 마음에 맞갖을 리 없다.

수준 높은 현대미를 자랑하는 이곳의 조각이 분업화를 이룬 지는 꽤 오래되었다고 한다. 일부 유럽의 예술가들이 자신이 설계한 조각을 솜씨 좋은 이곳 원주민에게 하청을 준 것이 분업과 복수 생산의 시초가 되었다. 여러 상점에서 똑같은 조각품이 팔려나가기를 기다리느라 먼지를 뒤집어쓴 광경을 보면서 남편은 무슨 생각을 할까.

이곳이라고 자신이 설계하여 혼신을 다해 나무를 깎아 작품을 완성하는 조각가가 왜 없겠는가. 하지만 언어가 다른 우리 깜냥으로 그런 조각가를 만나기는 어려울 것 같다. 오토바이와 관광객이 뒤섞여 북새통을 이루는 이곳에서 문명에 물들지 않은 오롯한 조각가를 만나려는 것부터가 어불성설일지 모른다.

어쩌면 남편이 꿈꾼 유토피아는 자신의 마음 안에 구축해 놓은 '고집의 방'일지도 모른다. 그는 자기만의 방에서, 나무가 살아온 세월의 흔적을 경이롭게 바라보며 조각칼 하나로 나무를 빚는다. 나무 향기에 묻혀 사람도 만들고 곤충도 만드는 순간이 마냥 행복하다고 한다. 무엇이 예술인지, 어떻게 해야 돈이 되는지 생각조차 아니 하고 나무를 쪼는 사나이, 남편이 찾아온 무구한 조각가는 바로 자신이라는 생각을 지울 수 없다.

자가 수표

소포가 도착했다. 남자의 반짝이는 시선을 느끼며 상자를 풀었다. 대한민국에서 이름을 모르면 간첩이라 할 만큼 유명세를 타는 분이 디자인했다는 '브래지어 9종 세트'가 모습을 드러냈다.

특별한 여자들이나 입을 것 같은 속옷을 앞에 두고 잠시 정신이 멍했다. 젊은 나이 때도 만져보기는커녕 쳐다보지 않았던, 화려하고 야한 그것들은 내게 '용용 죽겠지!'라고 말하고 있었다. 남자의 시선이 비켜있어 얼마나 다행인지 몰랐다. 실망한 나를 들키고 싶지는 않았다.

"와, 진짜 예쁘다! 근데 이게 맞을지 모르겠네. 하긴, 안 맞으면 바꾸면 되니까."

마음과는 달리 입은 딴소리를 했다. 긴장했던 남자의 표정이

환하게 풀렸다. 그런 그의 표정을 읽으며 실망한 마음을 감추기를 참 잘했다고 생각했다.

젊은 시절, 남자는 기념일이 되면 선물을 잊지 않았다. 그 선물이란 것이 받고서도 기뻐할 수 없다는 게 문제였다. 결혼 일 주년 때였다. 그에게서 선물로 받은 쇼핑백 꾸러미에는 나이트가운이 사계절대로 들어 있었다. 유명상품이라 비싼 값을 주고 샀을 건 뻔했다. 과연 가격표에 적힌 숫자는 내 혼을 빼놓기에 충분했다. 사십 년 전의 공무원 봉급은 사소한 지출에도 구멍이 뚫려 일상을 위협했다. 하물며 한 달 봉급에 버금가는 돈을 지출했으니 선물이 아닌 걱정덩어리를 한 아름 받은 기분이었다.

내 마음에 이는 파문을 알 리 없는 남자는 옷을 입어보지 않는다고 야단이었다. "드라마에 나오는 대부분의 여자는 선물을 주면 팔딱팔딱 뛰며 좋아하던데 당신은 꿔다놓은 보릿자루처럼 뚱해서 뭘 사줘도 본치가 없다."고 했다.

사실 이런 때는 대판걸이 싸움을 해서라도 반품을 해야 하는데 기회를 놓쳤다. 어차피 벌어진 일, 기쁜 척하며 입어보기로 했다. 그런 것에 맞갖은 계산기가 머리에 들어있지 않은 사람에게 따따부따할 수는 없는 노릇이었다.

테일러 깃에 수를 놓은 공단 천으로 만든 연분홍색 봄 가운, 얇은 란제리 천으로 목둘레와 소매 끝에 레이스를 박아 몸매가 드러나게 만든 여름 원피스 가운, 얇게 속을 넣어 촘촘히 누빈

분홍꽃무늬가 예쁜 가을 가운, 두툼하게 충전재를 넣어 다이아몬드 무늬로 누빈 빨간 겨울 가운을 차례대로 입고, 속에서 부글대는 불만을 달래며 아홉 자 단칸 셋방에서 패션쇼를 했다.

"와! 내가 꼭 드라마에 나오는 부잣집 마나님 같다. 근데 이 옷은 지금 사는 방에서는 안 어울린다. 우리 집 사면 그때 입게 모셔놔야지! 여보, 고마워."

푼수처럼 호들갑을 떠는 내 앞으로 피를 말리는 내핍의 시간이 뚜벅뚜벅 다가오고 있었다. 그 선물은 몇 년 뒤 내 집을 가지고야 입을 수 있었다.

그로부터 십여 년이 흐른 뒤의 결혼기념일이었다.

"이거 윈도 마네킹에 입혀 놨는데 되게 멋지더라. 당신이 입어도 멋질 거야."

키는 짜리몽땅하고 목은 자라목인 데다 얼굴은 납작한 내가 늘씬한 모델에게나 어울릴 망토를 선물로 받았다. 망토에 붙어 있는 탭에는 키 170cm~175cm라는 표시가 선명했다. 어마어마한 가격은 차치하고 망토를 걸치려면 내 키가 이십 센티는 더 커야 했다. 더 작은 건 없더냐고 하자 그 사이즈가 제일 아래 치수라고 했다니 기가 막힐 일이었다. 제조사 측에서도 키 작은 사람은 아예 배제하고 만든 옷이 분명했다.

부러 그런 건 아니란 걸 알면서도 피가 거꾸로 서는 모욕감을 느꼈다. 얼굴이 시뻘겋게 달아올랐다. 솟구치는 화를 참으려니 숨이 꼴딱 넘어가려 했다. 화장실로 달려가 한참을 식식거리다 거울을 마주했다. 얼굴이 부어오르고 눈이 빨개져 있었다. 수년을 같이 산 마누라에게 마음에 맞는 선물 하나 못하는 남자에게 부아가 치밀었다. 솟구치는 화를 속으로 삼키는 내가 너무나 싫었다. 망토 역시 내게 절약을 강요했지만, 한 번도 입어보지 못한 채 지금도 옷장에 고이 걸려있다.

공무원 생활을 접고 사업을 하면서 우여곡절을 겪는 동안 우리는 기념일 같은 거는 잊은 척하고 살았다. 인생의 가파른 등성이를 넘느라 그런 것에 마음 쏟을 여유가 없었다.

어느 해의 생일날 그가 머뭇거리며 봉투를 건넸다. 선물을 편지로 대신하나 보다고 생각하니 쑥스럽고 야릇했다. 머뭇머뭇 봉투를 뜯었다.

'一金 삼십만 원정 / 나 강인석은 / 박동조의 생일 선물로 / 위 금액을 모월 모일까지 주기로 약속함' 이라고 적혀 있었다. 종이를 든 손이 찌르르해지면서 목울대가 컥 막혔다. 선물을 하지 못하는 그의 심정이 고스란히 전해져왔다.

남자는 그 뒤로도 이름 붙은 날만 되면 '자가 수표'를 선물로 주었다. 종이에 적힌 숫자가 약속한 날짜에 현금으로 돌아오진 않았지만, 나는 기꺼이 수표를 받곤 했다.

"치사하게 물가가 올랐는데 어째 매번 삼십만 원이야!" 하면 남자는, "삼십만 원이면 됐지 더 얼마나! 이번에는 이십만 원만 쓰려다가 큰마음 먹었구먼." 할 때도 있었다. 현물을 선물로 줄 때는 앞뒤 값을 재지 않던 사람이 단지 종이에 적는 숫자일 뿐인 금액에는 인색을 떨었다. 그럴 때마다 우리는 배꼽이 빠지게 웃어대곤 했다. 주머닛돈이 쌈짓돈인 처지에 아이들 소꿉 같은 '자가 수표'를 받은들 어떤가. 내게는 분에 넘치는 번듯한 선물보다 차라리 숫자뿐인 종이를 받는 것이 더 마음 편한 선물이었다.

생일 선물로 브래지어 9종 세트를 홈쇼핑에 주문했다는 소릴 듣고 '인생 다 저문 나이에 무슨 브래지어 선물!' 이란 생각에 당장 취소하라고 하고 싶었지만, 속을 감추고 반가운 척했다. 그에게서 받는 마지막 선물이 될지도 모른다는 생각 때문이었다. 그 사람도 같은 생각을 했을 것만 같았다.

눈앞에 펼쳐놓은 빨갛고 노랗고 파란 브래지어와 팬티는 부러 찾아다녀도 구하기 어려운 종류들이었다. 그나마 내가 착용할 수 있는 것은 세 세트, 나머지 여섯은 남을 주기에도 마땅찮았다.

하지만, 사랑도 비즈니스라고 했던가. 우선 맞는지 입어보았다. 마누라가 나이 무거운 할머니라는 사실을 깜빡하고 젊었을 때의 치수를 불러주고 주문을 했으니 맞을 리가 없었다. 컵은 헐거웠고 가슴둘레는 헐렁했다.

"딱 맞네, 나이가 드니까 끼는 옷은 질색이야, 나 어때? 스무 살로 보이지!"

　내 말에 남자는 멋쩍은지, "광고화면에는 이리 야하지 않았는데!" 고개를 갸웃했다.

손녀와 할아버지

손녀는 제 할아버지의 마음을 다 차지한 아이다.
"할아버지 보물 1호는?"
"지온이"
"할아버지 조각품은 누구 꺼?"
"지온이 꺼."
녀석이 말을 배우고부터 일곱 살인 지금까지 제 할아버지를 만날 때마다 나누는 대화다. 집에 올 때마다 복창을 하기에 녀석은 대답할 말을 줄줄 왼다. 그 말 뒤에 따라붙는 부록이 있다.
"지온아! 갖고 싶은 거 있으면 언제든 말해! 할아버지가 다 사 줄게."
사랑이 뚝뚝 흐르는 이 말속에는 손녀가 필요로 할 물건이 장난감을 크게 벗어나지 않을 거라는 전제가 깔려있다. 아이라고 장난감만 필요한 건 아니라는 걸 진즉 알았더라면 선심성 공약 같은 '뭐든 다 사 준다.' 라는 말은 하지 않았을 것이다.

우리 집에는 현대식 주거 공간에는 필수라고 할 수 있는 식탁이 없다. 소파나 침대도 없다. 밥은 앉은뱅이 사각 밥상에서 먹고, 텔레비전은 거실 마루에 퍼질러 앉아서 본다. 남편이 백혈병 판정을 받은 뒤, 세균이 번식할 여지가 있는 물건들은 이불만 제외하고 모조리 추방했다. 소파, 카펫은 물론 화분들까지 작별을 고했다.

병에서 회복된 뒤 다시 사서 채우려다가 눈이 쉴 수 있는 빈 공간으로 두는 것이 나을 것 같다는 생각을 하기에 이르렀다. 그것을 계기로 우리 내외는 어떤 살림살이든 늘리지 말자며 손바닥을 마주쳤다. 그랬는데 손녀의 말 한마디에 우리의 다짐은 오뉴월 땡볕에 내놓은 얼음 꼴이 되었다.

지난해 추석에 어른들은 두레상에 둘러앉아 식사를 하고, 손녀에게는 납작한 소반에다 밥을 차려 주었다.

"할머니 집은 왜 밥을 땅바닥에서 먹어요?"

제딴은 항의를 한 것이다. 손녀의 말에 깜짝 놀란 남편은 당장에라도 식탁을 들일 듯 법석을 떨었다. 나는 한 해에 두세 번 오는 데다 길어야 사흘간 머물다 가는 손녀를 위해 새삼스레 식탁을 들일 필요가 있겠냐며 남편의 뜻을 가로막고 나섰다. 부엌살림은 주부의 소관이 아니던가! 남편은 내 고집을 꺾지 못했다.

대신 손녀의 앉은키에 맞는 차탁과 앉은뱅이 의자를 샀다. 사고 보니 차탁이 예쁘기는 해도 아담해서 두어 가지 반찬 접시만 놓아도 상이 꽉 찼다. 좀 더 큰 것으로 하나를 더 샀다. 졸지에 살림살이가 세 가지가 늘어났다. 문제는 우리가 한 다짐이 무색하게 차탁에 밥을 차려놓고 먹어도 지온이가 여전히 땅바닥에서 먹는다고 생각하는 것이었다.

올 설에 "할머니 집에는 왜 소파가 없어요?" 하는 말을 들었을 때는 기절하는 줄 알았다. 녀석이 굳이 장식으로 놓아둔 고사목 등걸이나 피아노 위에 앉아서 노는 까닭을 그제야 알아챘다. 그것도 모르고 여자아이가 별나다고만 여겼으니 미안하고 기막혔다.

나서부터 입식 생활에 익숙한 손녀에게 거실 마루는 앉아서는 안 되는 땅바닥이었던 게다. 그날 밤에 녀석은 "할아버지, 집이 너무 좁아요. 더 큰 집으로 이사 가요."라는 말도 했다. 그 말을 들었을 때는 무력한 웃음밖에 나오지 않았다.

설 연휴 때가 아니었다면 넓은 집이야 어쩔 수 없다 해도 소파는 당장 샀을 것이다. 감정은 파도 같아서 하늘에 닿을 듯 출렁이다가도 시간이 지나면 잔잔해지기 마련이다. 지온이가 돌아간 뒤 소파를 사려던 의지를 슬며시 접었다. 소파를 들인들 녀석이 몇 번이나 앉겠나 하는 생각에서였다. 대신 카펫을 샀다. 동영상을 통하여 카펫 위에서 뒹구는 모습을 본 터라 설마 하니 카펫을 땅바닥이라 하지는 않을 것 같았다.

"지온이를 보는 아버님의 눈에서 꿀이 흘러요."

며느리 말을 인용하지 않더라도 우리 내외의 손주 사랑은 극진하다. 우리만 그럴까. 대한민국에 사는 할머니 할아버지라면 '손주 바보' 아닌 사람은 없지 싶다. 손녀가 원하는 건 다 해주고 싶은 게 우리 심정이다.

이런 우리의 마음을 아는지 며느리는 자주 오지 못하는 미안함을 사진이나 동영상으로 대신한다. 우리의 하루는 손녀로 비롯되고 손녀로 마감한다 해도 과언이 아니다. 며느리가 보내준 동영상을 눈에다 새길 듯이 보고 또 본다. 우리는 그것으로 손녀에 대한 갈증을 채운다.

예상치도 않았는데 오 월이 가정의 달이라고 아들 내외가 지온이를 데리고 왔다. 아들을 일찍 객지로 내보내 자식 궁기를 심하게 앓는 우리는 이런 경우를 두고 로또에 당첨됐다고 한다. 명절이 아닌 날에 아들 가족이 오는 것을 두고 로또라 하는 것은 당연하다.

하룻밤을 자고 난 다음 날이었다. 설에 왔을 때, 집이 좁다며 이사 가자고 하던 말이 마음에 걸려있던 제 할아버지가 지온이에게 물었다.

"지온아 우리 큰 집으로 이사 갈까?"

"아뇨, 저는 이 집이 좋아요!"

남편과 나는 마주 보고 눈빛을 나눴다. 제 엄마에게서 무슨 말을 들은 게 틀림없었다.

"설에 네가 할아버지 집이 좁다고 그랬잖아."

"아뇨, 안 좁아요. 할아버지 집 넓어요."

그 말에 우리는 소리 내어 웃었다. 이어지는 녀석의 말이 압권이었다.

"할아버지 집은 베란다가 넓어요."

그리고는 제 할아버지 귀에다 입을 대고 속삭였다.

"할아버지, 필요한 거 말하면 다 사준다고 했잖아요? 할아버지는……."

무슨 말을 들은 것일까? 남편의 얼굴에 무안하고 미안한 기색이 파도처럼 일렁였다.

비눗방울

손녀를 앞세우고 마트에 간다. 아파트에서 바깥 도로까지 나가는 길은 내리막이다.

"서영아 조심해!"

녀석이 종종거리던 걸음을 멈추고 뒤돌아본다.

"할머니가 늙으니까 조심하세요. 나는 젊으니까 괜찮아요."

'다섯 살짜리 입에서 어떻게 저런 말이 나올까!' 놀랍고 신기하다. 아기 티를 겨우 벗은 손녀로부터 걱정을 들어야 하는 나이가 되다니!

차도에 접한 인도는 부러진 잔가지로 뒤덮였다. 간밤에 불어닥친 돌풍으로 가로수인 은행나무가 수난을 당했다.

"할머니, 하이킹하는 것 같다." 녀석이 어빡자빡 너부러진 나무깽이를 밟으며 하는 말뜻을 나는 얼른 알아듣지 못한다. 녀석은 어지러운 길바닥에서, 소풍 때의 어느 길을 떠올렸을 것이다. 우리말도 아직 서툰 아이가 물 건너온 말을 어떻게 알까? 하이킹이 우리말인지, 남의 나라 말인지 아직은 알 나이가 아니다. 스펀지에 물 스미듯 가르친 대로 받아들였을 것이다. 젊은 부모들 사이에서 영어를 가르치려는 선행학습이 유행이라더니 손녀도 일원이 된 것일까?

공부는 초등학교 입학하고 나서 해도 늦지 않다고 아들에게 말해주리라고 마음먹다가 촌각도 되기 전에 '아서라!' 도리머리한다. 나는 나의 시대를 살고, 아들은 아들의 시대를 산다는 걸 깜빡했다. 손녀에게는 내가 상상하지 못하는 또 다른 신세계의 삶이 기다리고 있을 것이다.

사람은 제가 속한 시대를 살 뿐인 존재이다. 나이 들어 자신의 영역 너머를 참견하는 것처럼 어리석은 일도 없다. 그것이 인생 저물녘을 살아가는 내가 지켜야 하는 불문율이라는 걸 손녀를 보며 깨닫는다. 윗대가 아랫세대에게 배 놔라, 감 놔라 훈수를 둘 때, '네네' 하며 따르는 시늉이라도 한 것은 이 시대로 막을 내릴지 모른다. 아들을 두남두어 키운 것이 내 몫이었듯, 서영이를 마땅한 인간으로 길러내는 일은 아들 내외 몫이다. 하마터면 그 선을 넘을 뻔했다.

몇 발자국 지나자, 농익은 은행 알이 이파리를 이불 삼아 즐비하게 누워있다. 어떤 것은 사람들의 발자국에 으깨어졌다.

"아악 지독한 냄새" 손녀가 손으로 코를 감싸 쥐고 걸음을 멈춘다. 아장걸음으로 은행 알을 밟지 않고 걷기에는 불가능하다.

"서영아, 할머니가 업을까?" 쪼그려 등을 내미니 날름 업힌다. 금방까지 보호자처럼 말하던 어른스러움은 어디로 갔는지 두 다리를 까딱거리는 장난기 많은 아기가 되어 등 뒤에서 재잘거린다. 녀석의 체온으로 등이 따뜻하다. 새록새록 솟는 손녀사랑이 핏줄을 타고 온몸으로 흐른다.

마트에 도착해서 카트기를 꺼내 녀석을 태우려니 힘에 벅차다. 남자 직원이 번쩍 안아 올려 앉혀준다. 녀석이 재미있다고 한다. 내 마음도 덩달아 즐겁다. 엄마를 처음 떨어져 온 터라 신경이 몹시 쓰이던 참이다. 손녀가 좋아하는 건 다 해주고 싶다.

생선을 좋아한다기에 생선판매대로 간다. 갈치를 사려고 신선도는 어떤지, 크기는 적당한지 살피며 고르려니 시간이 걸린다. 국산인지, 냉동이 아닌지도 판매하는 사람에게 따져 묻는다. 녀석이 갑자기 커다란 소리로, "그냥 사세요!" 한다. 어린 눈에 옴니암니 따지는 할미 모습이 못마땅했나 보다. 나는 얼른 "그냥 주세요." 손녀 말을 복창한다.

"손녀가 참 귀엽네요." 판매 아저씨가 활짝 웃으며 하는 말까지 갈치와 함께 카트기에 담는다.

언젠가는 손녀도 물건을 살 때 요리조리 간보며 사는 어른이 될 것이다. 그 시간이 오는 게 더뎠으면 좋겠다. 티 없이 맑은 지금이 과연 언제까지 이어질까. 초등학교만 들어가도 성적으로 줄서기 하는 무한경쟁에 내몰릴 텐데…….

필요한 물건을 얼추 사고도 카트기를 밀며 마트 안을 구석구석 돈다. 늘 혼자 장을 보는 내게도 이리 예쁜 손녀가 있다는 걸 자랑하고 싶다. 몸은 나이가 깊어지건만, 원초적인 생각은 왜 늙지를 않을까. 손녀의 눈이 한곳에 머문다.

"할머니, 저기 비눗방울."

알록달록 그림이 그려진 플라스틱 대롱에 토끼 모양 뚜껑이 앙증맞다. 아들이 어릴 때는 없던 오락감이다. 그것을 손녀 손에 쥐어주는 것으로 물건 고르기는 끝이 난다. 계산을 하고, 배달해 달라는 절차를 밟은 뒤 손녀의 손을 잡고 마트를 나선다.

마트를 거슬러 올라가면 아들이 다녔던 학교가 있다.

"서영아, 아빠가 다녔던 학교 보여줄까."

교문에서 학교 운동장까지는 가르맛길이다. 녀석은 숨을 헉헉거리면서도 나를 걱정한다.

"할머니는 늙으니까 조심하세요."

기분이 묘하다. 처음은 당황스럽더니, 거듭 들으니 할미인 내게 보내는 염려로 읽혀 마음이 흐뭇하다. 이래서 후손을 둬야 한다는 생각이 든다.

휴일인데도 초록으로 펼쳐진 운동장에서는 열댓 명의 아이들이 축구를 하고 있다. 아들이 뛰놀 때는 흙이었던 운동장이 지금은 초록색 잔디 옷을 입었다. 어디선가 아들이 어머니! 하고 툭 튀어 나올 것만 같다.

　감성에 젖는 건 오롯이 내 몫일 뿐, 손녀는 이곳에서 비눗방울 놀이를 하자고 한다. 녀석이 기구에 딸린 막대에 비눗물을 찍어 훅 분다. 아직 힘이 약한 숨은 방울을 제대로 만들지 못한다. 나는 손녀에게서 막대를 받아 볼에다 잔뜩 바람을 넣어 힘껏 분다. 무지갯빛 방울들이 파란 액정 화면 같은 하늘을 향해 큰 방울 작은 방울 무리지어 솟아오른다. 어떤 것은 바람 빵빵한 풍선만 하다. 방울들이 솟구쳐 오를 때마다 녀석이 와아! 와아! 소리를 지른다.

　공기 중을 잠시 아롱지다 흔적 없이 흩어지는 방울들이 젊은 날에 꾸었던 한바탕 꿈같다. 훗날, 손녀가 자라서 꾸는 꿈은 허황하지 않기를 기도하며 나는 자꾸자꾸 비눗방울을 분다. 방울들이 몽글몽글 떠다니는 위로 따스한 햇살이 축복처럼 내린다. '이 아이가 나아가는 인생길이 오늘 같으면 좋겠다!'

강지온 그림

제 4 부

불빛

불빛

디디티 고考

제 눈

잔인한 봄날

이별 준비

영혼 없는 말

심야버스 풍경

말 눈가리개

마수

귀뚜라미 장가보내기

보릿고개와 헬조선

목도리 도마뱀

에필로그

시골에서 나서 자란 내게 도시는 거대한 미로였다. 명멸하는 네온을 바라보고 있으면 내가 꼭 인생길의 조난자가 된 기분이었다. 도시의 불빛이 얼마나 사람을 절망하게 하는지, 그러면서도 꿈과 욕망을 부추기는지 그때 알았다. 지금, 재 너머 바라다 보이는 저 타오르는 불빛이 그렇다.

불빛

후회가 솟구친다. 이정표가 없는 두 갈래 길목에서 어느 길로 갈지 몰라 서성일 때 정상으로 되돌아가자는 친구의 말을 귓등으로 흘린 게 뼈아프다. 나로서는 두 시간 가까이 지나온 길을 되짚어 갈 수는 없는 노릇이었다. 그때는 아래로 내려가는 길이 곧 나오려니 했다. 이 길로 사뭇 가면 마을로 닿는 길이 과연 나오기나 할까.

애초에, 밥 짓고 시장 다니는 일이 하루 일과인 아낙들이 지도 한 장 없이 도시락 하나 달랑 들고 얕보듯이 등산에 나선 게 잘못이었다. 어쩌자고 두 여자가 다 휴대폰은 깜빡 두고 왔을까. 이왕이면 올라온 길이 아닌 다른 길로 내려가 보자고 도전이니 호기심이니 했던 말이 하룻강아지 티 낸 것 같아 얼굴이 화끈거린다.

어둠에 덜미를 잡히기 전에 산을 벗어나려 잰 걸음을 쳤지만, 하늘은 회색의 장막으로 얼굴을 가렸다. 구름 때문에 어둑발이 드는지 해가 져서 어두워지는지 가늠을 할 수 없다. 서두는 우리 앞에 팻말이 보인다. 'ㅇㅅ까지 8킬로'라는 글자가 어스름 속에서도 선명하다. 아뿔싸! 우리가 가고 있는 길은 내가 사는 도시가 아닌 다른 지방으로 이어진 길이다. 지쳐있는 우리에게 산길 8킬로는 백 리 길처럼 아득하다. 이제껏, 우리가 사는 도시와는 반대 방향으로 걸어온 사실이 어처구니없다.

친구에게는 곧 아래로 내려가는 길이 나타날 거라고 큰소리쳤다. 여차하면 산에서 자면 된다고 너스레도 떨었다. 하지만, 그건 순전히 내 안에서 이는 두려움을 감추려는 몸짓에 불과하다.

산에서는 밤이 빨리 온다더니 이처럼 순식간에 어둠이 닥치는 줄은 상상하지 못했다. 숲과 바위가 그림처럼 펼쳐진 넷 에움도 깜깜한 장막 뒤로 몸을 숨긴다. 사물이 사라진 시야에는 공포와 절망이 똬리를 틀고 우리를 노려본다. 별빛조차 없는 캄캄한 밤은 깊이를 알 수 없는 심연 같다. 깊고 깊은 어둠은 너무나 견고해서 한 발짝도 앞으로 나아갈 수 없다. 재 너머 하늘이 도시의 불빛으로 타오르듯 훤하지만 우리에게는 그림 속의 풍경일 뿐이다. 어둠에 갇힌 우리에게 저 빛은 어떤 의미일까.

나는 청춘의 한 시기에 잘 사는 농촌을 만들어 보리라는 꿈을 꾸었다. 중학교 진학을 못 한 아이들을 모아 야학을 열고, 마을 문고를 만들어 책 읽기 운동을 폈다. 마을에서 비닐하우스와 촉성재배를 맨 먼저 시작한 것도 나였다. 어느 해는 '벼 다수확왕'으로 신문에 이름이 오르기도 했다. 내가 이룬 것은 거기까지였다.

신문에 이름이 오른 다음 다음 해였다. 그해는 정말 되는 게 없었다. 야학으로 이용했던 마을 회관은 예비군 용처로 비워줘야 했다. 이곳저곳에, 어렵사리 손을 벌려 마련한 마을문고 책을 몽땅 도둑맞는 일까지 발생했다. 새로운 농법으로 시도한 토마토와 수박의 촉성재배도 그르치고 말았다. 풍작을 이루었던 오이와 가지는 가격폭락으로 비료 값조차 건지지 못했다. 거듭되는 실패를 감당할 배짱이 없었던 나는 신경쇠약을 앓다가 급기야 도망치듯 고향을 떠났다.

시골에서 나서 자란 내게 도시는 거대한 미로였다. 명멸하는 네온을 바라보고 있으면 내가 꼭 인생길의 조난자가 된 기분이었다. 도시의 불빛이 얼마나 사람을 절망하게 하는지, 그러면서도 꿈과 욕망을 부추기는지 그때 알았다. 지금, 재 너머 바라다보이는 저 타오르는 불빛이 그렇다.

여름 지난 지 엊그제인 시월의 초지만 산속의 밤공기는 한겨울이다. 잠깐 멈춰 서있는데도 송곳 같은 한기를 느낀다. 친구는 오들오들 떠느라 숨을 제대로 가누지 못한다. 머리카락 끝에는 땀방울이 뚝뚝 빗물처럼 듣는다. 떨리는 추위에 땀이라니! 공포가 심해도 땀이 솟는다는 걸 이 밤에 알았다.

엎친 데 덮쳐 비까지 내린다. 이러다 체온을 뺏기면 자칫 죽을 수도 있겠구나, 잠시잠깐 생각이 스쳤을 뿐인데 경기를 일으키듯 심장이 요동친다. 그때 빗줄기와 나뭇가지 사이로 한 불빛이 마법처럼 어른거린다. 혹시 헛것을 본 게 아닐까, 오목눈을 하고 다시 본다. 틀림없는 인가의 불빛이다. 사람 사는 흔적이 이처럼 반가운 적은 없었다.

호롱불만 알던 내게 도시의 밤은 불빛의 축제장 같았다. 휘황한 네온사인, 질주하는 차량들이 이루어내는 빛의 홍수, 거대한 빌딩의 창에서 흘러나오는 푸르고 붉은 빛의 모자이크, 그것들은 하나같이 내 힘으로 닿을 수 없는 높은 곳에서 촌뜨기인 나를 비웃는 것 같았다. 내가 할 수 있는 건 이를 악물고 주먹을 쥐는 것이었다. 신기하게도 주먹을 쥐자 길이 보였다.

문득 길이 따로 있는 건 아니라는 생각이 든다. 처음부터 길인 곳이 세상에 있을까. 맨 처음, 누군가가 가시덤불을 헤치고 나아갔기에 길이 생겼을 것이다. 비 내리는 캄캄한 어둠 속에서 젊은 날을 떠올리며 나는 주먹을 쥔다.

무조건 아래로 내려가자는 내 말에 친구는 안 된다고 펄쩍 뛴다. 집에서 신고를 했을 테니 곧 구조대가 올 거라고 한다. 나는 말없이 친구의 손을 힘주어 잡고 아래로 이끈다. 구조대가 찾기도 전에 저체온이 우리를 덮칠 거라는 말은 속으로 삼킨다.

　눈은 불빛을 바라보며 나뭇가지는 손으로 젖히고 너덜은 발로 더듬어, 가느다란 풀잎 위를 기어가는 달팽이처럼 조심조심 걸음을 내딛는다. 시시각각 빗줄기가 맹렬해진다. 비를 맞은 풀덤불은 얼음같이 미끄럽다. 표면이 물렁해진 흙은 미끄럼틀 같다. 친구는 내 손에 이끌려 아예 엉덩이를 땅에 붙이고 앉은걸음이다. 너무나 깜깜해서 번개라도 쳤으면 싶다. 이 밤 따라 번개조차 일지 않는다. 오직 덤불 사이로 비치는 한줄기 빛만이 칠흑 같은 어둠과 차가운 비를 헤치게 하는 힘이 되어준다.

디디티 고^考

 2017년은 유독 양계업자들이 힘든 해였다. 농약 달걀로 유럽이 들끓더니 그 여파가 우리나라까지 미쳤다. 피트로닐, 비펜드린, 에투사졸, 들어보지 못한 이름의 농약 성분이 우리나라 달걀에서도 검출되었다는 소식이 연일 전파를 탔다. 온 국민들은 혼란에 빠졌다. 뉴스 매체들에서는 때를 만난 듯, 농약이 가진 독성을 알리는 기사를 홍수처럼 쏟아냈다. 심지어 오래전에 사용이 금지된 DDT까지 새삼스레 언론에 오르내렸다.
 내가 기억하는 최초의 농약은 디디티다. 디디티가 우리나라에 처음 들어왔을 때, 맹독성 약이라는 걸 알고 사용한 사람이 몇이나 될까. 전문적인 지식인 말고는 거의 없었을 것이다. 내 어머니 역시, 밀가루 만지듯 맨손으로 디디티를 애용했다.
 디디티를 처음 접한 건 초등학교 저학년 때였다. 어느 날, 어머니가 참빗으로 내 머리를 빗겼다. 빗이 한 번 지나갈 때마다 거무레한 머릿니가 후두두 마룻바닥으로 떨어져 고물거렸다. 빗질을 하다 말고, 어머니는 허연 가루를 한주먹 쥐고 와서 머리카락을 올올이 들춰가며 뿌려주었다.

조금 있으면 이가 다 죽을 거라는 어머니의 말씀대로 시간이 지나 빗질을 하자 회색빛 띤 먼지 같은 하얀 가루와 함께 움직이지 않는 이가 무더기로 빗살에 훑어져 나왔다. 그 뒤로 디디티는 우리 집에서 해충을 물리치는 만능 약으로 이름을 올렸다.

그즈음은 벼룩도 많았다. 이보다 벼룩이 훨씬 극성스러웠다. 방바닥에 깔린 대자리를 들추고 사방에 디디티를 뿌려놓으면 매캐한 약 냄새는 뒷전이고 얼마 동안은 벼룩에 물리지 않아 좋았다. 속옷 솔기에 디디티를 묻혀 입고부터 호롱불 앞에서 이 잡는 일도 덜 하게 되었다.

약 기운은 오래 가지 않았다. 얼마 지 않아 벼룩은 디디티를 조롱하듯 기승을 부렸고, 이는 머리카락 올마다 조롱조롱 서캐를 슬었다. 그럴 때마다 어머니는 디디티를 다시 뿌렸다.

입영했다 제대한 이웃 아재나 오빠가 들려준 얘기들은 도무지 현실 같지 않았다. 군대의 이는 단연 특별하다고 했다. 팥알만큼 굵은 데다 번식력이 대단해서 민간 이와는 비교가 안 된다고 했다. 디디티를 넣은 작은 헝겊 방울을 속옷의 양쪽 겨드랑이와 팬츠에 매달아 입어도 하늘이 보이는 화장실에 앉아 속옷을 더듬으면 한두 마리 이가 손바닥에 만져진다고 했다.

　유엔에서 맹독성에다 분해가 되지 않아 토양을 오염시킨다는 이유로 생산 중단 농약으로 지정한 후에도 우리나라 군에서는 아무런 보호 장구 없이 일상으로 디디티를 사용했다. 침구인 모포에 디디티를 뿌린 뒤, 잠자리에 들기 전에 양쪽 끝을 잡고 탈탈 털면 구름같이 가루가 날리더라는 말은 하도 많이 들어 새롭지도 않았다. 모포를 털 때 마스크를 하지도 않았다니 독한 농약 가루를 고스란히 폐로 들이마신 셈이다. 나라를 지키는 군인들의 건강이 달렸음에도 1970년 초반까지 누구 하나 문제 삼지 않았다고 한다.

　디디티가 뿌려진 방에서 잠을 자고, 농약 묻은 옷을 맨살에 입은 것도 모자라, 약을 허옇게 뒤집어쓴 머리를 약 기운 없어진다고 감지도 않았으니 요즘 신문에 난 농약의 상식대로라면 죽지 않고 살아있는 게 기적이라 할만하다. 모르는 게 약이고 아는 것이 병이라는 옛말이 있다. 디디티가 맹독성 농약이라는 사실을 알았다면 시름시름 앓다가 죽은 사람도 생겨났을지 모른다.

　디디티는 농작물의 재배에도 이용되었다. 특히 채소 농사를 망치는 주범인 고자리 벌레와 진딧물 방제에 효과가 좋았다. 채소의 씨앗을 디디티에 버무려 파종하면 싹이 돋자마자 고자리 벌레가 해코지하는 걸 그럭저럭 막을 수 있었다. 그때부터 제대로 된 채소 농사를 지을 수 있었다. 그런 공은 무시하고 과만 따지는 작금의 소동이 디디티의 입장에선 억울할지 모른다.

문제는 솎음질한 어린 무순으로 만든 겉절이에서 약 냄새가 나는 것이었다. 냄새가 나서 못 먹겠다고 투덜거리면 어머니는 "먹어도 안 죽는다."고 윽박질렀다. 운이 좋았던 것일까! 어머니의 말씀대로 농약 묻은 채소를 먹고도 나는 지금껏 살아있다.

전염병에 걸린 몇 마리 닭 때문에 어마어마한 숫자의 닭을 순장한 양계업자가 생겨나기도 했다. 전염을 막는다는 이유로 온전한 닭들을 산 채로 땅에 묻은 심정이 오죽했을까. 숯검정이 된 가슴의 상처가 회복되기도 전에 '농약 달걀 파동'이라는, 들어보지 못한 된서리를 만난 양계업자들의 입장에서 그 마음을 헤아려본다.

어머니가 내 머리에 디디티를 뿌리면서 딸에게 해로울 거라는 생각을 하지 않은 것처럼 그들 역시 진드기를 잡으려고 뿌린 농약이 달걀에 묻었을 거라는 생각은 안 했을 것이다. 해로운 걸 알았다면 씻지 않은 달걀을 이빨로 콕콕 쪼아 자식에게 먹이지는 아니했을 것이다.

나도 사람인지라 여태껏 마음 놓고 먹어온 달걀에서 농약이 검출됐다는 소식이 유쾌하지 않았다. 그렇다고 금방 무슨 일이 일어날 것처럼 법석을 떨고 싶지도 않았다. 앞으로 마음 놓고 먹을 수 있는 달걀을 생산하도록 여건을 만들어 가면 될 일이라고 생각했다. '농약 달걀' 파동 후, 지금껏 달걀을 먹지 않는다는 사람도 있다. 나는 그에게 '농약 달걀'이라는 어감이 주는 스트레스가 더 몸에 해롭다고 말해주었다.

제 눈

주차장에 세워놓은 차가 사고를 당했다. 앞 문짝 뒤 문짝을 몽땅 갈아야 할 만큼 상처가 심했다. 속이 부글거렸지만, 운전을 하다 보면 그럴 수도 있으려니 심호흡을 하며 마음을 다독였다. 한참을 망연히 앉아 있다가 설마하니 '연락처는 남겼겠지' 하는 생각으로 차의 이곳저곳을 살폈다. 하지만, 있어야 할 쪽지는 보이지 않았다.

한 아파트에 살면서 남의 차를 긁어놓고 시치미를 뚝 떼다니! 잠재웠던 화가 솟구쳐 요동쳤다. 누가 그랬는지 내 손으로 잡고 말겠다는 오기가 일었다. 긁힌 자국에 얼룩덜룩 묻어 있는 자주색 페인트의 색깔만으로도 어떤 차가 그랬는지 알아낼 것 같았다. 보나마나 그 차에는 하얀 페인트가 묻어 있을 터였다. 셜록 홈스가 된 기분으로 문제를 일으킨 차를 찾아 나섰다.

얼마 지나지 않아 다른 동 주차장에서 자주 색깔의 차를 찾아냈다. 범퍼가 아래로 쳐져있는 데다 색이 벗겨진 자국에는 금방인 듯 하얀 페인트가 묻어 있었다. 사고를 낸 뒤, 멀찌감치 떨어진 다른 동으로 옮겨놓았다는 생각이 들었다. '제 차를 긁으셨더군요. 아래 전화번호로 연락주세요' 쪽지를 윈도브러시에 끼워놓고 집으로 돌아왔다.

이십 분도 채 안 돼 전화벨이 울렸다. 전화 저쪽에서 들려오는 여자의 목소리는 너무나 당당했다. 무슨 근거로 자기 차에 혐의를 씌우느냐며 눈으로 봤느냐고 따졌다. 내 차가 주차된 근처에는 가지도 않았다고 했다. "당신 차에는 흰 페인트가 내 차에는 자주색 페인트가 묻은 것이 증거"라고 되받았지만 내 목소리는 스스로 듣기에도 목 안으로 기어들었다.

"하얀 차가 당신 차뿐이에요. 살다 살다 별꼴을 다 보겠네."

여자는 서슬 세운 반말로 내 기를 마저 꺾고야 전화를 끊었다. 망치로 맞은 듯 정신이 멍했다. 애먼 사람을 의심했다면 내가 큰 실수를 했다. 그때 전기 스파크 일듯 무인카메라가 머리를 스쳤다.

한해 전, 아파트에서는 들고나는 길목마다 무인카메라를 설치했다. 카메라가 내 눈에는 마땅치 않았다. 이곳으로 이사 온 지 십오 년 동안 도둑맞았다는 소리를 듣지 못한 서민아파트에 뭐하려고 카메라를 다는지 알 수 없었다. 낡고 추레한 건물 모서리에서 두 눈을 홉뜨고 지켜보는 첨단기기가 내 눈에는 '개발에 편자' 로 보였다.

거기에다 들고날 때마다 빤히 내려다보는 동그란 렌즈와 마주치기라도 하면 무슨 옷을 입고, 무슨 신발을 신었는지, 어디로 가는지 꼭 감시를 당하는 기분이었다. 시대가 수상하여 보안상 어쩔 수가 없다 해도 보금자리인 아파트에서조차 일거수일투족을 지켜보는 눈이 있다는 사실이 찜찜했다. 들며나며 시선을 부딪칠 때마다 저 녀석이 또 내려다본다며 툴툴거렸던 내가 새삼스레 녀석의 도움을 받으려니 멋쩍기는 했다.

관리실에 부탁한 지 반 나절이 안 되어 사고를 저지른 차의 정보가 내 손에 들어왔다. 건네받은 쪽지에는 사고시간, 차량번호, 차주의 이름, 전화번호까지 적혀 있었다. 내 기를 사정없이 누르던 그 여자의 차가 틀림없었다.

무인카메라에서 확인을 했다는 내 전화에 그녀는 전혀 몰랐다고 설레발쳤다. 내 차 근처에는 가지 않았다는 자신이 한 말을 그새 잊었는지 차를 뺄 때 드르륵 하는 소리가 났지만 그것이 접촉사고 때문이라는 건 몰랐다고 했다. 당신이라던 호칭을 굳이 사모님으로 바꿔가며 궁색한 변명을 늘어놓는 여자에게 "카메라가 당신이 내려서 확인하는 장면까지 찍어 뒀더라." 는 말로 뒷말을 무질렀다.

여자는 본 눈이 없으니 그냥 덮어질 거라 믿었을 것이다. 무인카메라는 현대판 남의 눈이 아니던가. 한낱 주먹만 한 기계 덩어리가 사고 장면은 물론 자신이 차에서 내려 확인하는 모습까지, 낱낱이 동영상으로 남겨둘 줄을 상상이나 했겠는가. 남의 눈이 없어도 '제 눈' 가진 사람이라면 차마 목소리 높여 내 기를 누르지는 않았을 것이다. 남편에게 혼날지도 모른다는 이유로 자신이 피해를 입힌 차량의 주인에게 자차보험으로 수리를 하면 안 되겠냐고 애걸하지도 않았을 것이다.

옛 사람들은 나쁜 짓 한 사람을 두고 '제 눈'이 무서워 어떻게 그랬을까? 하곤 했다. 남의 눈도 아닌, '제 눈'이 무섭다고 하는 까닭을 어렸을 때는 몰랐다. '제 눈'이 양심의 다른 이름이라는 건 중학생이 돼서야 알았다.

기계로 만든 '남의 눈'이 기하급수로 늘어나는 것은 '제 눈' 감고 사는 사람이 많아서일 게다. 아파트에 무인카메라를 설치한 것도 도둑을 예방할 목적보다 사고를 내고도 시침을 떼는 사람들 때문이라고 했다. "그 사람들, 보험 넣어뒀다 어디 쓰려고 그래요." 하는 내 말에 아파트 관리원은 사고가 누적되면 보험 료율이 올라가지 않느냐고 반문했다. 남에게 주는 피해는 아랑곳없이 내 돈만 아끼겠다는 소리가 아닌가.

지은 죄가 없어도 나를 빤히 보는 시선 앞에 서면 괜스레 티끌이 묻었는지 매무새는 바른지 머리에서 발끝까지 살피게 된다. 카메라의 시선이 거북했던 것은 내 안에 '제 눈' 감은 구석이 있어서가 아닐까. 지금 생각이야 '남의 눈'이 있든 없든 양심에 한 점 부끄럼 없이 행동할 거라 큰소리치지만, 보는 이 없는 곳에서 사고를 낸다면 나 역시 시치미를 떼고 줄행랑을 놓을지 모르는 일이다. 알 수 있는 것은 '무인카메라'가 보고 있는 곳이라면 오리발을 내미는 일은 없을 거라는 것이다.

잔인한 봄날

　사위는 침묵에 빠졌다. 오슬한 연둣빛 골짜기에는 하얀 봄볕이 자글자글하다. 이곳 즈음에서는 개구리 떼울음이 들려야 하건만 산자락에 이르러도 적요만 흐른다.
　바람결에 언뜻 고약한 냄새가 코끝을 스친다. 밭에 뿌린 거름 냄새일 거라고 대수롭잖게 흘리기에는 숨이 막힐 듯 지독한 냄새다. 생선 썩는 냄새 같기도 하고 우유 썩는 냄새 같기도 하다. 들숨을 쉴 때마다 속이 울렁거리고 명치끝이 쭈뼛 선다. 산골짝에 있는 작은 연못에 다다라 종래 코를 움켜쥐고 만다. 이곳에서 나는 냄새일 거라고는 짐작하지 못했다. 올챙이의 떼죽음이 풍기는 냄새일 줄은 더더구나 몰랐다.
　연못은 어빡자빡 널브러져 썩어가는 올챙이 사체로 눈 둘 곳이 없다. 사방 어디에도 살아 있는 올챙이는 보이지 않는다. 겨우 알에서 깬 듯 두 개의 까만 점과 꼬리가 생긴 채 죽은 놈도 있고, 뒷다리만 생긴 놈들의 주검도 부지기수다. 꼬리가 없어지고 앞다리 뒷다리가 모두 생겨 개구리 모습을 얼추 갖춘 놈들도 있다. 며칠만 있으면 연못을 뛰쳐나갈 수 있었는데 화를 당했다. 아무리 미물인들 꼬물꼬물 숨을 쉬던 생명체가 아니던가. 지옥이 따로 없다. 아비규환이 벌어진 이곳이 지옥이다. 나는 그만 넋을 잃는다. 냄새는 이제 안중에도 없다.

어쩌다 올챙이는 이 찬란한 봄날을 누리지도 못하고 떼로 숨을 거두었을까! 막다른 절망 앞에서 온몸으로 파닥였을 놈들을 생각한다. 숨을 놓지 않으려 아등거렸을 장면이 떠올라 나도 모르게 부르르 전율이 인다. 올챙이들이 화를 당한 이유를 알 것 같다. 어미 아비 개구리가 종족을 퍼트리려 떼로 벌인 사랑이 올챙이들을 죽음으로 내몰았다. 미물이나 사람이나 조절되지 않는 욕망은 화를 부르나보다.

산을 떠메고 갈 듯 개구리 울음이 진동했던 게 한 달 남짓 전이었다. 산자락 길을 걷다가 바람결에 알 수 없는 소리를 들었다. 언뜻 듣기에는 사람들이 모여서 외치는 함성 같았다. 가까워질수록 커진 소리가 나중에는 골짜기 전체를 삼켜버릴 듯 우렁우렁한 굉음으로 바뀌었다. 귀를 기울이고서야 개구리가 내는 소리라는 걸 알았다.

살면서 그리 큰 개구리 울음은 들어보지 못했다. 시골에서 자란 나는 개구리 소리에 익숙하다. 때로는 정겨움을 느낀다. 하지만, 그날 들은 소리는 머리칼이 쭈뼛 서도록 무섬증이 일게 했다. 무서운 마음은 이내 괴이한 소리의 까닭을 알아보고 싶은 호기심으로 바뀌었다. 산으로 향하는 가르맛길을 제쳐두고 개구리 울음을 따라 가보기로 했다.

소리의 진원지는 농사용의 자그마한 연못이었다. 연못 어귀에서 그만 발걸음이 얼어붙었다. 수만 마리 개구리가 엉키고 포개져 짝짓기를 하느라 한창이었다. 볕뉘조차 스며들 틈이 없이 연못 주변을 까맣게 뒤덮은 개구리는 소름이 끼치도록 징그러웠다. 여러 마리의 수컷이 암컷 하나를 가운데 두고 싸움을 벌이기도 했다. 미처 짝을 구하지 못한 수컷 개구리들이 짝짓기하는 놈들의 새중간에서 소리통을 부풀려가며 울어댔다. 수천 마리가 한꺼번에 내는 울음이 멀리 떨어져 있는 내 귀에는 사람이 지르는 함성처럼 들렸던 것이다.

연못은 개구리가 슬어놓은 흐물흐물한 알집들로 빠끔한 틈이 없었다. 그런 중에도 다닥다닥 엎디어 떼로 벌이는 생식의 장면은 충격이었다. 바람이 일 때마다 키 큰 수초들이 진저리를 치듯 몸을 떨었다.

집에 돌아가서도 연못에서 본 광경이 뇌리에서 떠나지 않았다. 미물의 세계에도 인간이 헤아리지 못하는 그들만의 언어가 있고 치열한 생존의 법칙이 있을 터였다. 짝짓기에 열중하는 개구리들에서 내가 본 것은 목숨을 건 욕구였다. 그것은 사람이 가진 끝 모르는 욕망과 다르지 않았다. 시간이 흐를수록 그 많던 알이 모두 올챙이가 되었을까 궁금했다. 긴 꼬리를 흔들며 연못을 헤엄치는 올챙이 떼는 장관일 것 같았다.

기대를 갖고 다시 찾아온 연못은 눈 뜨고 볼 수 없는 아수라장이다. 왜 이런 일이 일어났을까? 가뭄이 든 연못은 물보다 더 많은 생명의 숨을 지켜낼 수 없었다. 올챙이의 사체로 진구렁이 되어버린 연못을 바라보며 나는 자꾸만 사람 사는 세상을 생각했다. 미물인 개구리는 본능의 시곗바늘에 따라 움직였다는 변명꺼리라도 있지만, 만물의 영장이라는, 인간이 저지른 과오들은 무엇으로 핑계를 댈까.

한 해 겨울에는 감당할 수 없는 눈의 무게로 지붕이 붕괴되어 연수 중이던 대학생들이 목숨을 잃었다. 어느 해 봄에는 용량을 심하게 초과한 짐을 실은 배가 침몰했다. 결과는 수백 명의 어른과 어린 학생이 가족들 품으로 돌아오지 못했다. 이 일로 세상은 비탄에 젖었고 나라는 혼란에 빠졌다. 갈가위의 욕망을 조절하지 못한 누군가의 탓이다.

주검이 낭자한 산골짝 연못에 무심한 햇살이 소복이 내린다. 고개를 들어 사방을 둘러본다. 연못에서 참사가 벌어졌건 말건 주위는 온통 연둣빛이다. 잔인한 봄날이다.

이별 준비

　사자 한 마리가 비척비척 걸음을 옮긴다. 초원의 한갓진 곳에 이르러 비틀걸음을 멈추더니 휘청거리는 몸을 옆으로 뉘고 고개를 웅크린다. 시시각각 다가오는 죽음의 손길을 사자는 알았을까. 무리를 떠나오고부터 물 한 모금 먹지 않았다. 기운 잃은 사자라는 걸 용케도 알아챈 파리 떼들이 눈으로 입으로 새카맣게 엉겨든다. 한때는 초원을 누비던 백수의 제왕이 파리 떼에 에워싸여 처연한 모습으로 숨을 거둔다.
　사자는 죽을병이 들거나 치명적인 상처를 입으면 스스로 무리에서 떨어져 나온다고 한다. 그리고는 죽음에 이르는 순간까지 아무것도 먹지 않는다. 화면 속의 어미 사자도 병이 들자 마치 올 것이 왔다는 듯 홀연히 무리를 떠났다. 시르죽은 눈빛으로 자신의 가족을 일순 바라보다 총총히 무리를 등지던 사자의 모습은 오래오래 기억에서 지워지지 않을 것 같다.

홀로 살던 친척 아저씨가 있었다. 먼 외지에서 둥지를 틀고 사는 자식들은 일 년에 두어 번, 명절 때나 아버지를 만나러 왔다. 직장에서 정년으로 퇴임한 분이어서 경제적인 어려움은 없었다. 이 아저씨가 말기 암 진단을 받았다. 그는 자신이 암에 걸렸다는 사실을 자식들에조차 알리지 않았다. 일체의 치료도 거부했다.

진단을 받자마자 재산과 주변을 정리한 그는 휴대폰만 달랑 들고 자신의 발로 노인요양시설을 찾아갔다. 얼마 뒤 곡기를 끊었다. 간간이 전화로 안부를 묻는 자식들은 으레 아버지가 홀로 집을 지키며 사는 줄 알았다. 아버지의 사망 소식에 달려온 자식들은 자신들에게 남겨진 통장을 보고 기가 찼다. 통장에는 요양비는 물론 장례비용까지 일일이 명기한 돈이 들어 있었다.

의사는 그의 사인을 암이라고 했지만 같은 방을 쓰던 어르신들은 부러 굶어서 숨진 거라고 했다. 그 소리를 들은 자식들의 마음이 편할 리 없었다. 재산을 정리한 돈이 자신들의 통장으로 입금됐을 때 진즉 눈치를 채지 못한 것을 탓했지만 소용없는 일이었다. 자식들은 아버지에게 빚진 마음을 어디서 갚느냐고 눈물지었다. 결국, 폐를 끼치지 않겠다는 부모의 선택은 되레 자식들의 마음에 한으로 남았다. 아저씨의 마지막은 내 마음속에 남아 있는 어머니에 대한 기억과도 무관하지 않다.

어머니는 생의 마지막 몇 달을 고통 속에서 보냈다. 시한부 선고를 불러온 병원체가 온몸에 전이를 일으켜 오장육부는 성한 곳이 없었다. 피부에도 우툴두툴한 돌기가 솟아 손으로 만지면 자갈밭 같았다. 아픔을 견디느라 당신도 모르게 혀를 깨물어 피를 흘리는가 하면 방바닥을 긁어 손톱 끝이 다 닳았다.

말기 암 환자들은 진통제 없이 고통을 참아내기 힘들다고 한다. 어머니는 임종의 순간까지 당신 의지 하나로 아픔을 견뎠다. 자식에게 폐라고 여겨 입원 치료도 하지 않았다. 저 살기에 바쁜 자식들은 가끔 들러 애만 태우다 가는 것 말고는 해 드린 게 없었다.

어머니가 돌아가신 뒤 장례를 치르려고 모여든 가족들은 입을 다물지 못했다. 옷장을 열었을 때 그 안에는 당신이 평소에 입었던 옷이 아니라, 당신의 마지막 길에 입고 갈 수의를 비롯하여 일곱 자식과 그 배우자들이 입을 상복으로 채워져 있었다. 키가 큰 며느리들 치마는 길게, 키가 작은 딸들 치마는 짧게 마름질해 놓아 입으니 각각의 키에 꼭 맞았다. 몸에 꼭 맞는 상복에 일곱 남매는 슬픔이 북받쳐 눈물을 쏟았다.

혀를 깨무는 고통을 참아가며 상복을 지었다는 게 믿어지지 않았다. "아기를 낳는 고통이 이처럼 아팠다면 한 자식도 낳지 못했을 거다"고 하신 말씀이 귀에서 쟁쟁거렸다. 고방에서는 이듬해 사용할 농사용 씨앗이 이름표를 달고 줄을 지어 우리를 맞이했다. 생전에 사용했던 물건은 이미 정리가 되어 손댈 것이 없었다.

된비알 같은 시집살이에서 어머니가 체득한 것은 뒤를 깨끗이 하여 책을 잡히지 않는 것이었다. 자식들에조차 말끔한 뒷모습을 보여주고 싶었을까. 숨 쉴 시간이 얼마 남지 않은 걸 알아챈 뒤부터 당신이 살아온 흔적을 갈무리한 어머니는 정작 자식들에게 더 큰 슬픔을 안겨주었다. 죽음이 문을 두드리고부터 고통과 싸웠던 몇 달이 운명에 순응하며 살아온 어머니의 인생 중에서 가장 당신다웠다는 생각을 지울 수 없었다.

어떻게 하는 것이 생을 잘 마무리 하는 것일까? 알고 싶으나 알 수 있는 길은 없다. 예고 없이 어머니의 자궁에서 잉태된 것처럼 생의 마지막도 언제 찾아올지 알 수 없다.

내게는 사자가 지닌 본능적인 강단이 있지도 않고, 아저씨처럼 생의 마지막을 스스로 설계할 의지도 없다. 어머니같이 참고 견디며 남은 자를 배려할 자신은 더더구나 없다. 평소, 뭐가 어디에 있는지 기억이 허술한 터수에 생의 뒤가 가지런할 리는 만무하다. 설사, 첨단 의료기술을 빌어 수명이 다하는 시각을 얼추 짐작한다 해도 굳이 신변정리는 안 하련다.

저승사자가 찾아와 가자고 이끌 때, 뒤에 남겨진 사람들에게 치다꺼리 일 좀 남긴들 어떤가. 그러한들 사랑을 주었으니 빚질 일은 아니다. 여자의 인생은 참는 거라고 하시던 어머니의 목소리가 귓가에 선연해도 아프면 아프다고 고래고함을 지를 것이다. 사랑하는 사람들의 보살핌을 받다가, 사랑하는 이들의 눈을 바라보고 목소리를 들으며 눈을 감으련다.

영혼 없는 말

'사랑합니다, 고객님!' 이라는 말이 사회 곳곳에 넘치던 때가 있었다. 빨래를 하다가 전화벨이 울려 비누 묻은 손을 닦은 둥 마는 둥 하고 달려가 수화기를 들었을 때, 기계음에서 울리는 이 소리가 들리면 뒷소리는 듣지도 않고 전화기를 내려놓았다. 사랑이란 단어가 그때처럼 공허하게 들린 때가 없었다. 진심이라고는 먼지만큼도 느낄 수 없었던 녹음된 말이 사람의 기분을 잡쳐놓았다. 몇 년 뒤 이 말은 감동하는 고객이 없다는 사실을 알아챘는지 주변에서 슬며시 자취를 감췄다.

그런데 나도 그와 비슷한 행동을 하고 살아온 모양이다. 어느 날, 동아리 후배가 충고를 했다. 왜 언니는 모임에 나온 회원들을 보고 번번이 '고맙다'는 말을 하느냐고 했다. 마치 녹음기 소리처럼 들린다는 것이었다. 모임의 주인이 언니인 것 같은 느낌이라고도 했다. '이게 무슨 소리인가!' 머릿속이 하얘지는 느낌이었다. 내가 하는 말을 내 뜻과는 다르게 받아들이는 사람이 있다는 사실은 충격이었다.

며칠 동안 웃음가마리가 된 기분에 사로잡혀 멍하게 지내다 처지를 바꿔 곰곰 생각해보니 그렇게도 느낄 수 있겠구나 싶었다. 말은 할 때만 내 것일 뿐, 입 밖으로 나가면 듣는 사람 몫이라고 글에서도 썼던 내가 그 사실을 잊고 속을 끓였다. 나는 당연하게 쓴 말이 후배에게는 영혼 없는 말로 들린 것이다.

우리가 듣는 기계음 중에 의도 없이 만들어진 소리는 없다. 이익을 추구하든, 질서를 일깨우든, 정보를 전하든 목적을 두고 만든다. 모임을 내 것으로 생각해 본 기억이 없는데 후배가 그리 느꼈다면 말을 내보낸 나의 입에 문제가 있는 것이다.

그 뒤부터 주의 깊게 나를 관찰했다. 고맙다, 예쁘다, 혹은 미안하다 등의 말을 습관으로 사용하는 자신을 발견하고 놀랐다. 잦은 감사 표시나 칭찬은 '사랑합니다, 고객님' 처럼 진심 없는 소리로 들릴 여지가 있었다.

객지에 있는 아들에게서 걸려온 전화에 고맙다고 한다거나, 남편이 밥을 맛있게 먹었을 때 고맙다고 하는 경우는 서로에게 익숙한 가족끼리니 상대편을 어리둥절하게 하지는 않았을 터다. 자주 쓰는 말이어도 입에 발린 말이 아니라는 걸 가족은 알고 있기 때문이다. 문제는 타인과의 관계에서 이루어지는 말이었다.

그동안 나는 약속한 시각에 정확히 도착하고도, 상대방이 나보다 먼저 와 기다리는 것에 미안하다고 했다. 상대편이 약속 시각보다 먼저 온 것에 내가 왜 미안하다고 했는지에 생각이 미쳤다. "일찍 왔네, 오래 기다렸어?" 하면 되는 것을 굳이 사과하는 말을 했었다.

고맙다는 소리를 들어야 하는 내 쪽에서 되레 "고맙습니다." 하는 경우도 수두룩했다. 물건을 사고 값을 치르면서도 고맙다고 했다. 필요한 물건을 산 것에 감사의 표시를 한 것이었지만, 더러는 그 말이 진심으로 들리지 않는 눈치였다. 사실을 깨닫기 전에는 예사로 봐 넘겼던 반응이 자신을 객관의 눈으로 바라보고부터 새롭게 보였다. 고맙다는 말 대신 "많이 파세요." 했더라면 가게 주인은 쌀 한 톨만큼의 진심이라도 느꼈을 게 아닌가.

불시에 벨을 눌러 자신이 섬기는 신을 믿으라는 군소리로 짜증이 나게 한 종교인에게도 '시간이 없어 들어 줄 수 없어 미안해요' 했더라면 꾸역꾸역 듣기 싫은 소리 듣느라 고역을 치르지는 않았을 것이다. 현관문을 나가는 그에게 고맙다고 한 것이 두고두고 찜찜했다. 입과 마음이 따로 노는 내가 위선자로 느껴졌다.

말은 마음을 담아내는 그릇이다. 마음을 담아내는 그릇이 부실하거나 말을 배치하는 기술이 부족하면 오해받기에 십상이다. 듣기 좋은 말도 제대로 써야 빛이 난다. 습관으로 말하는 인사말보다 은근한 미소가 사람의 마음을 더 움직인다는 걸 스스로의 언행을 관찰하면서 터득했다. 진즉 사실을 깨달았더라면 후배로부터 쓴 소리는 듣지 아니했을 것이다.

 말은 산 짐승과 같아서 의지라는 힘을 가하지 않으면 제멋대로 입 밖으로 튀어나와 듣는 이의 마음을 해작질하기 일쑤다. 사람의 입으로 하는 말言도, 달리는 말馬처럼 길을 들여야 한다. 잘 길들인 말이 준마이듯, 때와 장소에 어울리는 말을 가려 쓰는 사람은 품격 있어 보인다. 그래서 나는 요즘 말을 길들이는 중이다.

심야 버스 풍경

　B시에서 U시로 가는 버스를 기다리고 있다. 길게 늘어선 사람 모두 어깨를 움츠리고 발을 동동거린다. 추위를 방비하지 못한 허술한 옷차림이 대부분이다. 낮에는 봄날인 양 따스했던 날씨가 해가 빠지고부터 기온이 뚝 떨어지고 바람까지 세차다. 낮 동안, 등에 달려 나를 힘들게 했던 배낭이 지금은 추위로부터 의지가 된다.

　버스가 출발하려면 20분은 더 기다려야 한다고 앞에 선 여자가 일행에게 말하는 소리가 들린다. 이럴 때의 20분은 영화 한 편 보는 시간보다 더 길게 느껴진다. '버스가 오나?' 두리번거리는 사람들 눈에 피곤기가 가득하다. 자정이 가까운 시간, 시외버스를 타려는 이 사람들은 오늘 하루 어떤 삶의 이력을 쌓았을까.

한쪽 어깨를 늘어뜨린 채 가방을 들고 있는 남자는 세일즈맨으로 보인다. 그의 눈은 시종 가로등을 쳐다보고 있다. 그곳에서 버스가 오기나 할 것처럼. 그러나 푸른 가로등은 얼음처럼 차다. 이번 버스를 놓치면 삼십 분을 더 서서 기다려야 한다. 늘어선 사람들을 헤아려본다. 내 앞도 아득하고 내 뒤도 아득하여 수를 꼽을 수가 없다. 자칫하면 내 앞에서 버스 문이 닫힐지도 모른다.

기다리던 연인인 양 버스가 정류장에 닿는다. 차 문이 스르르 열리자 사람들이 오르고 나도 총총걸음으로 앞으로 밀려간다. 차례가 오지 않을까 봐 조마거리다 차에 오른 내게 운전기사는 자리가 없다며 뒤차를 타라고 외친다. 기사의 말은 들은 척 만 척 서서라도 갈 요량으로 안쪽으로 들어간다. 요행스레 한자리가 쏙 비어있다. 인생이란 가끔 이런 행운이 있어 살만한 것인지도 모르겠다. 이틀간의 산행으로 다리가 몹시 아프던 차였다.

버스 안은 히터의 열기로 방안처럼 포근하다. 차는 서서히 엔진의 출력을 높인다. 내 뒤에 줄을 섰던 사람들이 부러운 시선으로 떠나는 버스를 지켜본다. 30분을 더 서 있어야 하는 그들에게 괜스레 미안해서 고개를 젖히고 눈을 감는다. 다른 승객들도 뒤질세라 의자에 머리를 기댄다.

옆에 앉은 처녀가 나지막이 통화하는 소리가 고막을 파고든다. "오빠, 어디야? 나 오빠 방 열쇠를 두고 왔어. 당구장이라고? 그럼 내가 당구장으로 갈게." 스물한두 살의 어린 처녀가 자정이 가까운 시간에 남자친구를 찾아가다니 맹랑하다. 그러다 생각을 고쳐먹는다. '친오빠겠지!' 처녀가 자신의 엄마에게 전화를 걸지 않았다면 나는 애써 친오빠 쪽으로 생각을 굳혔을 것이다.

"엄마, 나야. 응, 내 방이야. 지금 자려고 해. 엄마도 잘 자."

참 고약한 처녀다. 객지에 내보낸 사랑하는 딸의 전화 음성을 들은 어미는 지금 딸을 위한 기도를 바치고 잠자리에 들 것이다. 이 시각에 남자친구를 만나려고 버스를 타고 가는 딸의 모습을 꿈엔들 상상할까. 눈은 감겨 있지만, 귀는 도무지 감기지 않는다. 조금 뒤 처녀의 손안에서 들리는 진동벨 소리, 성능이 좋은 휴대폰은 저쪽 편의 남자의 목소리도 고스란히 들려준다.

"나, 집에 왔어. 어디쯤 왔니? 으응 곧 도착하겠네."

나는 눈을 꾹 눌러 감는 것으로 잠든 척 해보지만, 기억은 여봐란듯이 남편과의 연애 시절로 나를 데려다 놓는다. 지고지순한 남다른 사랑을 했었다고 이제껏 믿어왔다. 내가 확신했던 사랑의 순간들이 타인의 눈에는 한때의 부나비 사랑으로 비쳤을지 모른다. 감았던 눈을 뜨고 커튼을 젖혀 밖을 본다. 검은 창은 지친 듯 잠이 든 승객들의 모습을 거울처럼 비춘다.

손바닥으로 축축한 물기를 닦아내고 눈을 바짝 유리에 댄다. 어둠 속에서 논들이 지나가고 가로수가 스친다. 언뜻언뜻 스치는 먼 불빛들이 흘러간 젊음처럼 아련하다. 처녀는 내 연애 시절의 실루엣이라는 생각이 당혹스럽다. 애지중지해서 소중하게 감춰두었던 보석을 다시 꺼내 보았을 때 값싼 모조품임을 확인하는 순간이 이런 기분일 거다.

 작은 도시의 정류장에서 버스가 선다. 옆자리가 부스스하여 창에서 눈을 떼어 돌아보니 처녀는 내리고 대신 잘생긴 총각이 다가와 앉는다. 얼굴로 봐서는 많아야 스물다섯이 넘지 않아 보인다. 총각은 자리에 앉자마자 전화기의 숫자판을 누른다. 전화기 속에서 들리는 여자의 음성에 풀기가 없다.

 여자가 감기에는 무얼 먹어야 하느냐고 묻는가 보다. 총각은 대추차가 좋다며 편의점에 가면 팔 거라고 한다. 나는 '약국에 가서 감기에 듣게 달여 놓은 한약을 사 먹는 게 좋다'고 말해주고 싶은 걸 꿀꺽 삼킨다. 지금은 자정인 시간, 편의점 말고는 어디에도 약이나 차를 파는 곳은 없을 것이다. 오늘은 밤이 깊었으니 푹 자고, 내일 날이 밝으면 편의점 가서 대추차를 사 먹으라고 이르는 총각의 목소리에 자상함이 넘친다.

 사람은 자기가 보고, 듣고, 행한 것만 이해하는 동물인지 모른다. 총각은 편의점은 알아도 일반 약국에서 한약을 달여 만든 감기약이 있다는 것은 모를 것이다. 나 역시 편의점에서 대추차를 판다는 걸 지금 알았다.

 버스는 많은 정류장을 그냥 지나친다. 하긴 이 시간에 내리고 탈 손님은 많지 않을 것이다. 기사는 어디쯤 신호 위반 단속기가 있는지 다 아는 것 같다. 조심조심 속도를 늦추는가 하면 빨강 신호등도 무시한 채 오줌이 찔끔거리도록 과속할 때도 있다.

 자정이 지난 시간인데도 U 시의 불빛은 휘황하다. 휑한 거리를 비추는 번득이는 불빛이 을씨년스럽다. 시가지로 진입한 버스는 두세 정거장마다 울컥울컥 사람을 토해낸다. 버스 안은 이제 빈 좌석이 대부분이다. 조금 뒤면 나도 내달리는 차들의 전조등 불빛에 긴 그림자를 드리우며 내려설 것이다. 인적 드문 밤길을 타박타박 걸어서 내 집에 당도하면 한때는 잘생긴 청춘이었으나, 이제는 머리에 하얀 서리 내린 남자가 온 집에 불 밝히고 나를 맞겠지.

말 눈가리개

가호 집 현관문이 열려 있다. 곁눈으로 훔쳐본 거실 풍경은 한바탕 홍수가 지나간 집 같다. 어지럽게 쌓인 허섭스레기에서 악취가 진동한다. 제자리서 끌려 나온 집기와 가전품도 찌든 때와 곰팡이로 도배를 했다. 사람 살던 집에서 어떻게 저런 오물이 나올 수 있을까! 두어 발이면 닿는 이웃이, 저런 환경 속에서 지내왔다는 걸 까맣게 몰랐다는 사실이 기막히다.

마스크를 쓴 일꾼들이 쓰레기를 치우며 주거니 받거니 하는 말이 송곳처럼 파고든다.

"이 집 주인이 착화탄 피워놓고 자살했다며? 근데 다 큰 딸은 왜 데리고 갔을까?"

"TV 뉴스에도 나왔다던데……."

"백골이 다 됐다던데 냄새가 안 났을까." 순간, 소름이 돋으면서 달포 전에 흘려봤던 뉴스의 내용이 아나운서 얼굴과 함께 생생히 떠오른다. 그게, 내가 사는 아파트에, 그것도 같은 통로, 같은 라인에 사는 가족 얘기였다니!

몇 달 전부터 가호 현관문에 잗다란 쪽지들이 나붙기 시작했다. 단전을 예고하거나 가스를 끊는다는 내용이었다. 현관문 아래는 신문이 수북했다. 사람이 살고 있지 않다는 걸 높이 쌓인 신문이 말해주었다.

안에서 사람이 죽어 있을지도 모른다거나 교통사고로 장기간 입원했을 거라고, 터주인 주민끼리 나름 추측이 분분했지만 호기심을 행동으로 옮긴이는 없었다. 나 역시 문을 두드려보거나 관리실에 문의를 해보지 않았다. 우유 썩는 냄새가 났지만 오래된 아파트라 하수구에서 올라오는 냄새려니 여겼다. 가끔씩 이웃에 태무심한 자신이 불편할 때는 집을 팔았으려니 생각했다.

십여 년 전 이사를 왔을 때, 반장은 가호 집 남자가 어린 딸을 키우며 사는 홀아비라고 했다. 당시는 집집마다 돌아가며 반상회를 했기에 몇 호에 누가 사는지, 가장은 무얼 하는지 훤히 꿸 때였다. 그때도 가호 집은 반상회 차례를 벌금으로 대신해서 어떤 사정이 있는지 더는 알지 못했다.

차 안에서 홀로 담배를 피우며 시간을 보내는 남자를 자주 목격했다. 종종 의자에 기대어 잠을 자기도 했다. 자기 집을 코앞에 두고 차 안에서 시간을 보내는 모습에 아내가 없는 외로움을 달래나 보다고 짐작했다. 가끔씩 안됐다는 감정이 일기도 했지만 내게 그들은 사물과 다름없는 피사체일 뿐이었다.

세월이 흐르는 동안 아이는 어느새 중학생이 되었다. 걸핏하면 혼자서 담배를 뻐끔거리는 아빠 손에서, 예쁘게 자란 아이가 내 눈에는 기적처럼 느껴졌다. 남자는 왜 애써 키운 딸까지 데리고 자살을 했을까?

이웃이 멀리 있는 사촌보다 낫다는 말이 있다. 팔백 금으로 집을 사고 천금으로 이웃을 산다는 말도 있다. 현시대에 이런 말이 무슨 소용인가. 이곳에서 십 년 넘게 살아오는 동안 옆집에 사는 사람과 인사 한 번 나눠 보지 않았다고 해도 사람들은 당연한 걸 가지고 뭘 그러냐는 듯 되레 나를 이상하게 여겼다. 저 살기도 바쁜 세상에 남이야 어찌 살든 무슨 상관이냐고도 했다. 그런 말을 들으면 이웃에 갖는 관심이 어리석은 사람의 오지랖처럼 느껴졌다.

처음부터 이웃을 몰랐던 건 아니다. 삼십 년을 거슬러 추억 보따리를 풀어보면 처음 살던 아파트에서는 서로 모여서 수제비도 끓여 먹고, 아이들 데리고 소풍도 갔다. 갑작스레 손님이 찾아오면 밥이나 국을 옆집에서 빌리기도 했다. 오밤중에 위급사항이 생겼을 때 이웃집 문을 두드려 승용차의 도움을 청할 때도 있었다. 그 시절, 이웃은 멀리 있는 사촌보다 나았다. 인터넷이 생활화되고 자동차가 필수 도구가 되는 세상이 되고부터 우리는 옆에 누가 사는지를 잊었다.

온라인 세상에서는 생판 모르는 사람끼리도 친구 맺기를 서슴지 않는 내가 같은 지붕을 이고 사는 현실의 이웃에는 유령놀이 하듯 눈을 감고 살았다. 같은 지붕 아래, 같은 통로를 이용하는 아이가 아버지와 함께 죽음을 맞은 지 여섯 달 만에 집 안에서 백골로 발견되었다니 아연하고 기막히다.

그들을 무심하게 보지 않고 관심과 정이 필요한 이웃으로 대했더라면 죽음까지 이르지는 않았을지 모른다. 국 한 그릇, 과일 한 조각을 왜 나누지 못했을까! 돈도 들지 않는 따뜻한 말, 정겨운 웃음에 인색을 떨었을까! 의심될 때 진즉 신고만 했더라도 집안에서 백골이 되는 일은 일어나지 않았을 것이다. 뒤늦은 자책으로 마음이 편치 않다.

인터넷에서 '말 눈가리개'를 한 초등학생 사진을 보았다. '말 눈가리개'는 말이 앞만 보고 달리도록 눈 옆을 가리는 도구다. 달리는 옆으로 푸른 초원이 지난다면 말의 관심이 그쪽으로 쏠릴 것은 당연하다. 그것을 예방하려 고안해낸 도구를 학생이 하고 있었다. 까닭은 오로지 공부에만 집중하기 위해서라고 했다.

현대를 살아가는 우리도 보이지 않는 '말 눈가리개'를 하고 있는 건 아닐까. 이웃에 눈 감고 사는 것을 '남의 사생활은 모른

척하는 것이 미덕'이라고 미화하면서, 혹은 '내 코가 석 자'라는 말로 변명을 하면서 오로지 내 앞만 보고 살아왔다는 생각을 떨칠 수가 없다.

마수

1.

"마수 좀 해 주소."

마수, 오랜만에 듣는 소리다. 팔순이 넘어 보이는 할머니가 지나가는 사람을 올려다보며 사정한다. 해가 중천인데 아직껏 마수를 못했다면 앞에 늘어놓은 풋고추와 깻잎은 되넘기 장수에게 떨이로 팔리는 신세가 될 것이다. 이곳의 오일장은 햇볕에 스러지는 아침이슬 같다. 오전에 반짝 번개처럼 장이 섰다가 점심때가 되기 전에 썰물처럼 장꾼들이 빠져나간다. 이때를 놓칠세라 되넘기 장수들은 생산자가 들고 나와 못다 판 농산물을 생산비도 안 되는 값을 치르고 모개로 사들인다.

시골의 재래장터에서는 아직도 그날의 팔림새 운을 마수가 좌우한다고 믿는 어른들이 많다. 오전 댓바람에 헛바람만 잡다

가는 손님이 들면 입만 아픈 채 파장을 맞이하기 일쑤다.

깻잎 한 무더기, 풋고추 한 무더기는 사천 원이면 살 수 있다. 할머니의 간절한 눈빛을 모른 체 하려니 뒤통수가 가렵다. 돈지갑을 만지작거린다. 고작 기천 원, 가슴은 할머니가 안됐다며 사라하고, 머리는 오뉴월 땡볕에 시들어진 야채를 왜 사느냐 한다. 사야 할까, 말아야 할까!

내가 어렸던 시절에는 생필품을 이고지고 이 마을 저 마을로 다니면서 물건을 파는 목물장수들이 있었다. 돈이 귀한 시골에서는 대부분의 물건값을 곡식으로 치렀다. 장수들은 자라목이 되도록 무거운 짐을 이고 동네 초입에 있는 여러 집을 건너뛰어 마을 가운데 있는 우리 집을 제일 먼저 들렀다. 우리 집에서 마수를 하면 재수가 좋다고 했다.

오호라! 그때 어머니가 이런 말을 했었다.

"동조야, 후제 너도 마수라고 하면 따지지 말고 갈아주어라."

나는 두어 발 내디딘 발걸음을 되돌려 시든 야채를 사기로 한다. 내 마음을 읽기라도 한 것일까. 야채장수 할머니가 매가리 잃은 깻잎을 홀랑 뒤집어 "겉만 시들었지 속은 멀쩡하다!"라고 너스레웃음을 짓는다. 내가 건넨 사천 원에 "퉤퉤" 침 뱉는 시늉을 하며 백발로 얼룩진 머리에다 쓱쓱 문지르는 할머니의 손등 위로 무심한 땡볕이 하염없이 쏟아진다.

2.

시내에서 메이커 옷 가게를 하는 친구는 마수도 하기 전에 교환 손님 오는 걸 질색으로 여긴다. 그날의 매출에 대한 기대가 거품 스러지듯 확 사라지기 때문이다. 희한하게도 그런 날은 교환이나 환불을 하려는 손님이 줄을 잇는다. 괜한 트집으로 까탈 부리는 손님이 마수를 하면 온종일 그런 손님으로 골머리를 앓는다. 마수의 예측이 빗나가는 경우는 가뭄에 콩 나듯 드문 일이다.

신기한 것은 팔렸다가 소박맞아 돌아온 물건은 대개가 다음에 사 간 사람에게서도 소박을 맞는다는 사실이다. 두세 번, 주인이 바뀐 뒤 결국은 애초 발송지인 본사로 반품을 당하는 옷을 보면 '옷도 사람처럼 팔자가 있구나!' 하는 생각이 든단다.

예나 지금이나 사람들은 시작에 많은 의미를 둔다. 장사하는 사람들이 그날의 마수로 하루 운을 따지는 것도 다르지 않다.

살아오는 동안 점을 본 기억이 없다. 결혼할 때도 사주, 궁합을 보지 않았다. 그렇지만, 좋은 게 좋다고 굳이 남의 기분 상해가며 마수하기 전인 이른 시간에 교환이나 환불은 하지 않는다. 물건을 사고파는 관계에서 파는 사람이 지켜야 할 윤리가 있다면 소비자가 지켜야 할 도리도 있지 않겠는가.

세상은 나날이 진화하는 기술로 눈이 돌 지경이다. 자동차는 사람이 없어도 스스로 운전을 한다. 스마트폰의 기능은 어디까지 발전할지 끝을 모른다. 이런 문명의 시대에 미신과도 같은 마수라는 말이 과연 얼마 동안이나 살아남을까.

첨단의 설비를 이용한 판매 기법이 마수라는 말을 추방하는 시대가 올 거라고들 한다. 하지만, 굳이 미신을 믿지 않아도 자기만의 징크스를 가진 사람이 많지 않던가. 먹고, 자고, 배설하는 행위가 발달하는 과학조차 어찌할 수 없는 원초의 영역이듯, 사고파는 삶의 현장이 있는 한 마수는 인류의 끝 날까지 살아남지 않을까. 사람과 사람 사이에서 이루어지는 손익을 따지는 'DNA'로.

귀뚜라미 장가보내기

 놈이 사라졌다. 아무리 귀 기울여도 녀석의 울음이 들리지 않는다. 신부를 대령한 보람도 없이 도대체 녀석은 어디로 자취를 감춘 것일까.
 열흘쯤 전이었다. 잠자리에 든 내 귀에 뜻밖에 귀뚜라미 울음이 들렸다. 귀밑에서 나는 듯 울음은 크고 또렷했다. 소리를 쫓아간 곳은 베란다에 있는 화분 구석이었다. 칠월에는 들녘에서 울고, 팔월에는 마당에서 운다는 귀뚜라미가 들녘도, 마당도 아닌 콘크리트 벽과 유리창으로 막혀 있는 아파트 육 층에서 한여름인 팔월에 울어대니 놀랍고 신기했다.
 그날 밤은 녀석이 들려주는 구슬픈 연주에 한참이나 잠을 이루지 못했다. 녀석의 울음이 음양의 이치를 일러주시던 아버지 말씀을 떠올리게 했다. 비록 미물일지라도 암수가 분명한 생명체가 아닌가. 어떤 경로든 놈은 암컷을 찾아서 우리 집까지 왔을 터였다. 아버지 말씀대로라면, 녀석에게 우리 집은 자연의 이치를 거스르는 장소였다.

처녀 때 나는 독신주의자였다. '선머슴아' 같다는 소리를 달고 살 만큼 여자로서 갖추어야 할 덕목이 없었던 나는 남자와 짝을 이루고 아이를 낳아 엄마가 된다는 게 두려웠다. 지금이야 서른 넘긴 처녀가 수두룩하고 독신자도 쌔고 쌨지만 옛날에는 스물다섯 살만 넘어도 노처녀 딱지가 따라다녔다. 거기다 아래 위 서열이 분명해서 위에 미혼자가 있으면 아래는 감히 혼인할 생각을 못 했다. 시쳇말로 내가 똥차가 되는 바람에 두 명의 여동생이 혼기를 넘기는 상황이 벌어졌다. 그냥 어물쩍거릴 수가 없어 아버지께 말씀을 드리기로 했다.

"저는 결혼하지 않겠습니다. 동생들을 앞서 혼인시키십시오."

내 말에 한참 침묵하던 아버지가 하신 말씀은 이랬다.

"만물에는 음양이 있단다. 양은 음을 음은 양을 찾아서 짝을 이루는 게 세상에 태어난 도리고 이치다."

중언부언도 없었다. 원체 말이 없으신 아버지였다. 당연히 아버지가 하시는 말씀은 자식들에게 천금의 무게였다. 더구나 나는 아버지의 말씀을 거슬러 본 적이 없는 맏딸이었다. 비구니가 될까 고민했으나 가족에게 상처를 줄 수 없다는 이유로 몇 년을 버리고 다졌던 독신주의는 모래성처럼 스르르 무너지고 말았다.

귀뚜라미가 울어 예는 연주는 매일 밤 이어졌다. 암컷을 그리는 녀석의 소리는 필사적이었다. 구슬픈가 하면 때로는 우렁차고도 집요했다. 도대체 얼마나 우는지 시간을 재봤더니 네 시간을 계속할 때도 있었다. 중간에서 간헐적으로 쉬기는 했지만, 그 시간은 몇 초도 되지 않았다. 귀뚜라미는 바깥쪽 양 날개를 비벼서 소리를 낸다는데 저러다 날개가 다 닳아버리는 건 아닐까, 세상에 태어난 도리를 못 하고 숨지는 건 아닐까, 별의별 생각이 다 들었다.

녀석을 뒷산 풀숲에 풀어줄까 하다가 그동안에 든 정을 뿌리치지 못해 차라리 암컷을 구해 짝을 지어주기로 했다. 그게 말처럼 간단치가 않았다. 녀석들은 풀숲의 이곳저곳에서 노래 실력을 뽐낼 뿐 쉬 모습을 드러내지 않았다. 지척에서 합창을 하다가도 가까이 다가가면 '뚝' 소리를 그쳤다. 울음을 내지 않는 암컷을 잡기는 더 어려울 게 뻔했다. 헛걸음으로 돌아온 뒤 생각해 낸 게 인터넷이었다.

검색 결과 귀뚜라미를 파는 데가 한두 곳이 아니었다. 성충인 암컷을 스무 마리씩 판다는 곳이 있기는 했으나 주문을 넣으면 품절이라는 창이 떴다. 내가 클릭한 점포에서는 수컷은 최소 열 마리, 암컷은 이백 마리를 묶어서 판다는 전제가 붙어 있었다. 수컷은 울음소리를 듣기 위한 사육용이고 암컷은 파충류의 먹잇감이라고 했다. 메뚜기처럼 식용을 위한 귀뚜라미도 팔았다. 어쨌거나 노래를 하지 못한다는 이유로 열 마리 수컷 가격보다 마릿수가 더 많은 암컷 값이 싸다는 데 놀랐다. 선택의 여지가 없어 최소 단위인 이백 마리를 주문했다.

　이틀 뒤에 도착한 택배 상자에는 난리를 맞은 양 귀뚜라미들이 고물거렸다. 서로를 잡아먹기도 한다는 말과는 달리 사체는 보이지 않고 먹이로 넣어놓은 배추이파리만 여기저기에 구멍이 나 있었다. 한 마리 신랑에 이백 마리 신부가 마음에 걸리기는 했지만 이미 벌여놓은 일이었다.

　밤을 기다려 베란다 불을 끄고 상자 뚜껑을 열었다. 창에다 눈을 바짝 붙이면 방에서 새어 나온 불빛으로 놈들의 행동을 그렁저렁 볼 수 있었다. 초례 치른 신랑 신부 첫날밤 엿보듯, 곧 사랑을 구하는 노래를 하려니, 어느 한 귀뚜라미에게서 간택을 받아 사랑을 나누려니 몇 시간을 지켜봐도 모습은커녕 울음마저 감감했다.

　도망을 갔거나 수명을 다했을지도 모른다는 생각에 베란다 구석구석을 이 잡듯 뒤져도 도무지 흔적이 없었다. 왜 녀석은 하필이면 암컷들이 도착한 날에 행방을 감추었을까? 녀석이 애오라지 암컷을 찾아서 우리 집에 왔을 거라는 내 잣대는 과연 백 프로 정답이었을까?

　귀뚜라미가 우는 까닭은 영역을 알리기 위해서거나 암컷에의 구애의 신호라고 배웠다. 고작 두어 달을 살고 생을 마감하는 미물의 세계를 사람이 다 이해한다는 건 어불성설일지 모른다. 하긴 제 속으로 낳은 자식 마음도 모르는데 종이 다른 곤충의 세계를 어찌 다 알겠는가.

요즘 들어 친구는 아들 때문에 마음이 편치 않다. 부족함 없이 자라 세칭 좋은 대학을 나온 아들은 연봉 많은 대기업에 취직해서 또래들의 부러움을 샀다. 진급도 순위 한 번 누락되지 않고 간부급 자리까지 올랐다. 인물도 남에게 빠지지 않은 편이어서 내로라하는 혼처가 줄을 섰었다. 이 핑계 저 핑계로 혼인을 미루던 아들이 느닷없이 독신을 선언하고 나섰다. 친구는 내게서 들은 말이 있어 음양론을 들려주며 절대 독신은 안 된다고 못 박았다. 아들에게서 돌아온 말이 어이없었다.

"엄마는 무슨 그런 덜떨어진 소리를 해. 요새 세상에 음양이 어떻고 하는 부모가 어디 있어요! 결혼해서 행복할 자신도 없는데 왜 굳이 결혼하나요?" 했다는 것이다.

친구는 그 뒤로 아들과 냉전 중이다. 자기 말 한마디에 "예, 그러겠습니다" 하고 단박에 뜻을 거두리라고는 기대하지 않았다고 한다. 덜떨어졌다는 말도 참을 수 있다고 한다. 견딜 수 없는 건 아무리 냉전을 벌여도 아들의 의지를 꺾을 수 없다는 무력감이었다. 나는 매력 있는 짝이 나타나지 않았을 뿐이라고 말해주었다.

문득 녹음해 둔 귀뚜라미 울음이 생각났다. 가끔 들려주면 마치 경쟁할 대상이 나타난 듯 더 큰 소리로 울어대곤 했었다.

녹음기를 틀고 여삼추의 심정으로 귀 기울인 지 십여 분, 귀뚤귀뚤 우는 소리가 들린다. 옆집인지 아래층인지 가늠이 쉽지 않다. 모른들 어떠랴! 나간 길이 있으니 그 길로 곧장 돌아올 것이다.

보릿고개와 헬조선

'사라호 태풍'이 있던 이듬해 봄이었다. 동산에서 또래들과 솔가지 썰매를 타며 놀고 있는데 느닷없는 곡성이 들려왔다. 누가 먼저랄 것도 없이 놀이를 멈추고 소리 나는 방향으로 달려갔다.

울음이 들려온 곳은 친구 수야네 집이었다. 마을 어른 몇 분이 황망한 얼굴로 섬돌 위를 서성거렸다. 방에서는 수야 어머니를 둘러싸고 온 가족이 통곡하고 있었다. 색색거리는 숨을 참으며 기웃대는 우리를 어른들이 사립문 밖으로 내쫓았다.

수야 어머니는 가난을 이기지 못해 목을 매 숨졌다고 했다. 부엌에 남아있는 먹을 것이라고는 송기떡 몇 개가 전부였다. 먹기 힘한 송기떡조차 자식 한 번 더 먹이려고 자신의 입에는 넣을 새가 없다더니 기어코 숨졌다고 어른들이 입을 모아 안타까워했다. "죽을 만큼 독한 마음이라면 살아서 자식을 지켜야지." 하는 사람도 있었다.

그해는 장날이 되면 가난으로 목숨을 잃은 사람의 소식이 장보따리에 따라왔다. 식용나물인 줄 알고 먹은 독초에, 혹은 부황浮黃이 들어서, 별의별 이유로 세상을 떠났지만, 이유는 하나같이 양식이 모자라서였다.

일찌감치 양식이 떨어진 집은 구걸에 나서기도 했다. 그런 집 아이들은 배가 볼록하고, 헛배를 이기지 못해 가쁜 숨을 내쉬었다. 얼굴에는 영양 결핍으로 생긴 피부병인 '마른버짐'이 버섯처럼 피었다. 그들에게 봄꽃은 춘궁기를 예보하는 나팔과도 같았다. 당시의 어른들은 '가난은 나라도 구제하지 못한다.'며 결핍에 순응했다. 아이들 역시 삐삐와 찔레순과 진달래꽃으로 주린 배를 달래도 가난한 부모를 원망할 줄 몰랐다.

60년대를 거치면서 봄마다 겪어야 했던 '보릿고개'는 서서히 모습을 감췄다. 나라에서는 가난한 사람들에게 사방사업이나 새마을사업이라는 이름으로 일거리를 제공했다. 일한 대가로 받은 밀가루는 국수가 되고 수제비가 되었다. 가난이 끝난 것은 아니었지만 송기나, 덜 여문 보리의 모가지를 잘라 허기를 때우는 일은 하지 않아도 되었다.

그렇다고 보릿고개가 완전히 사라졌던 것일까. 어쩌면 보릿고개는 우리네 질곡 같은 삶에서 이름만 다르게 늘 함께 했던 건 아닐까. 어느 시기는 배가 고팠고, 어느 시기는 자유가 고팠다. 쌀이 남아돌고, 온 국민이 첨단의 문화를 누리며 자유를 구가하는 지금, 보릿고개보다 더 무서운 괴물 같은 용어가 우리 앞에 나타났다. 이 괴물은 정부가 내놓은 '청년 대책'을 비웃기라도 하는 듯, 좀체 이 나라를 떠날 기미가 없다.

청년들의 꿈을 볼모로 삼은 포기는 삼포에서 오포로 다시 칠포로 진화하는 중이다. 연애와 결혼과 출산을 포기하고, 취업과 내 집 마련을 포기하는 것도 모자라 인간관계와 희망을 포기하는 뜻이라는 '칠포 세대', 그 말에 덧붙여 '헬 조선 (hell 朝鮮)'이라는 말까지 생겨났다. 나는 일찍이 이보다 더 무서운 말을 듣지 못했다.

'보릿고개가 태산보다 높다'는 말을 들으며 자랐다. '보릿고개가 귀신보다 무섭다'는 말도 듣고 자랐다. 오죽 힘들면 귀신보다 무섭다고 했겠는가. 그런데 나는 보릿고개보다 '헬 조선'이란 말이 더 무섭다. 사는 일이 얼마나 힘들었기에 '칠포 세대'니 '헬 조선'이니 하는 말을 만들어냈을까! 이 지구상에 자신이 사는 나라를 지옥이라 자조하는 국민을 둔 나라가 과연 몇 나라나 될까.

칠포 세대의 고통을 헤아려본다. 공무원 시험에 사 수 오 수를 하는 일은 예사라고 한다. 수십 대 일, 많게는 오백 대 일의

경쟁을 뚫어내는 일이 어찌 쉽겠는가. 물질이 넘쳐나는 이 시대에 수개 월 동안 라면만 먹으며 취직 시험을 준비했다는 청년도 보았다. 합격 여부를 알리는 발표가 있고 나면 불합격의 고통을 이기지 못해 한두 명씩은 자살을 한다니 기가 막힐 일이다.

"월급을 받아 알뜰히 저축한들 내 집 마련은 요원하다, 외벌이로는 표준치의 육아 비용 대기도 힘 든다, 결혼해도 부모세대가 누렸던 안락함은 얻을 수 없다." 요즘 회사 내의 선배들이 후배의 결혼을 말리고 나서는 이유라고 한다. 잘못되어도 한참 잘못된 사회가 아닌가.

보릿고개 세대는 가난을 못 이겨 스스로 목숨을 거둔 사람이 간혹 있기는 했지만, 따비밭 하나 없어도 결혼을 했으며, 움막에서도 아이를 낳고 길렀다. 유년 시절 내내 '마른버짐'을 달고 산 누구는 대통령이 되고, 학교에서 친구들이 도시락을 먹을 때, 두레박으로 길은 물로 배고픔을 달랬다는 누구는 기업 총수가 되었다. '콩 한 쪽으로 온 시장 사람이 다 갈라 먹는다.'는 말이 있다. 나는 이 말이 보릿고개를 이기게 한 정신이라 믿고 있다.

이런 말을 하면 아들은 시대가 바뀌었다고 퉁바리를 준다. 지금 사회는 주어진 상황에서 벗어나기가 불가능에 가깝단다. 가난이나 부가 세습된다는 뜻이 아닌가. 심지어 지식인 사회도 대물림하는 추세라고 한다. 꿈이 희망 아닌 백일몽이 되는 사회,

나의 노력과 상관없이 부모가 신분이 되는 사회, 일하고 싶어도 일자리가 부족한 사회, 내가 사는 나라가 그런 사회로 진입 중이란다. 그래서 나는 '헬 조선'이라는 낱말이 두렵다.

목도리 도마뱀

 심장이 팔딱거리고 다리가 후들거린다. 시소 같은 놀이 기구일 거라고 마음을 다독거려도 머리끝이 쭈뼛거리는 두려움은 좀체 덜어지지 않는다. 마흔 명 중에 희망자가 나 혼자라는 사실이 기막히다. 기구를 타다 기절한 사람까지 있었다는 말에 지레 겁을 먹고 포기들 하는 눈치였다.
 안내자가 연로한 나이에 다시 생각해 보라고 했을 때, 못 이기는 척 그만두지 않은 게 후회스럽다. 어쩌랴! 낯선 사람까지 섞여 있는 일행 앞에서 "나는 무섭지 않다"고 호기롭게 큰소리를 쳤으니 이제 와 되돌릴 수 없는 노릇 아닌가.
 나는 지금 카지노의 도시 라스베이거스 스트립에 위치한 108층 높이인 타워 꼭대기에서 기구를 타기 위해 차례를 기다리고 있다. 단일 전망대 높이로는 미국에서 제일 높다고 한다. 아닌

게 아니라 사방이 눈 아래로 보인다. 지금, 저 아래 키를 재며 늘어선 빌딩 숲에서는 어떤 역사가 이루어지고 있을까? 황금을 얻기 위해 번쩍이는 기계 앞에서 영혼을 담보하는 사람도 더러 있으리라. 나는 무엇을 위해 이국의 타워 꼭대기에서 의연한 척을 가장하며 기구를 타려고 하는가!

내가 탈 엑스−스크림X−Scream은 지상 350m에서 출발하여 264m 되는 허공까지 총알처럼 미끄러졌다 되돌아오기를 네 번 반복하는 기구라고 가이드가 말해주었다. 공포심을 심하게 유발하는 기구라서 임산부나 심장이 약한 사람은 타는 것을 금한다고도 했다. 나는 주눅 든 마음을 들키지 않으려고, 당당한 표정으로 미소 짓는다. 어깨를 힘주어 펴고 팔도 한 번 휘저어본다.

차례를 기다리는 사람 중에 동양인은 나 혼자다. 사람들이 흘끗흘끗 눈길을 보낸다. 동양인에다 주름살투성이의 나이 든 여자가 간담이 서늘해지는 기구를 탄다는 사실이 의아한 모양이다. 진행요원이 뭐라고 말을 하지만 영어로 하는 말을 나는 얼른 알아듣지 못한다. 눈치로 알아들은 척, 다른 사람이 하는 양을 살펴 안경을 비롯하여 몸에 부착한 장식품 모두를 풀어 바구니에 담는다.

순서를 기다리느라 앉아 있으려니 내가 꼭 목도리도마뱀이 된 기분이다. 목도리도마뱀은 저보다 힘센 상대를 만나거나 두

러움이 일면 비늘로 된 목도리를 잔뜩 부풀린다고 한다. 비늘을 곧추세우는 도마뱀의 허풍은 자기방어를 위한 수단이자 현시욕을 부풀리는 행동일 것이다.

내 안에도 도마뱀의 목도리가 있다. 살아오면서 자신을 드러내려 목소리를 높이고, 그럴 듯한 말로 모르는 것을 아는 척 포장하기도 했다. 오늘만 해도 놀이기구라고는 타본 적 없으면서 "나는 무섭지 않다"고 큰소리치지 않았던가. 기절한 사람이 있었다는 말에 모두 슬금슬금 뒷걸음칠 때, 솔직히 나도 오금이 저려 그만두고 싶었다. 그리 하지 못한 것은 부풀린 목도리를 쉬 접을 수 없는 염치 때문이었다. 사람들이 번쩍이는 카지노 기계 앞에서 영혼을 거는 것도 비늘을 세우고 싶은 욕구일 것이다.

드디어 기구가 도착하고 탔던 사람들이 우르르 내린다. 내 눈에는 어째서 혼겁한 얼굴을 한 사람만 보일까. 차례를 기다리던 사람들이 하나둘 기구에 오른다. 나도 가운데 자리를 찾아 앉는다. 눈여겨보니 앞자리가 텅 비어 있다. 건장한 백인 남자도 한사코 앞을 피하는 눈치다. 그제야 가이드가 앞자리에는 앉지 말라던 이유를 알 것 같다. 일이 초 사이에 '나는 대한민국 국민'이라는 생각이 휙 머리를 스친다. 이곳 대통령이 걸핏하면 우리의 자존심을 흔들어놓던 사실도 함께 스친다.

나는 스프링 튕기듯 벌떡 일어나 맨 앞자리로 옮겨 앉는다.

파란 눈의 시선을 꼭뒤로 느끼며 백수의 제왕이 된 기분에 어깨가 으쓱하다. 우쭐한 기분은 잠시고, 아래를 내려다보니 온몸이 조이는 공포감이 밀려든다. 사람의 뒤통수가 보이는 자리라면 두려움이 덜 할까? 이럴 줄 알았으면 날름 앞자리로 옮기는 게 아니었다. 내 마음을 눈치라도 챈 듯, 진행요원이 다가와 안전띠를 매주고 힘껏 조인다.

높은 나무에 오를 때나, 강에 걸쳐있는 다리를 건널 때는 아래를 보지 말고 위를 보라고 하던 말이 생각난다. 나는 얼른 아래로 향했던 고개를 들어 투명한 햇살이 내리는 허공중을 응시한다. 그리고 땀이 나도록 손잡이를 움켜쥔다.

출발 신호가 울리자 정신이 아득해지는 속도로 기구가 곤두박질한다. 사람들이 일제히 돌고래비명을 지른다. 나는 비명을 질렀는지조차 가물가물하다. 공중의 한 지점에서 잠시 숨을 고른 기구는 느린 속도로 뒷걸음친다. 그제야 일행들이 보고 있다는 자각이 들면서 내가 지른 비명을 저들이 들었을까 염려가 된다. 공포감에 납작 엎드려 손잡이를 움켜쥔 내 모습을 들켰다면 이런 창피가 없다.

그 순간 날갯죽지에서 도마뱀의 비늘이라도 돋아난 것일까! 불과 몇 초 전에 정신을 잃을 뻔했던 내가 일행들을 향해 의기양양 웃음을 지으며 양팔을 높이 들어 흔들고 있지 않은가.

에필로그

나는 왜 수필을 떠나지 못하는가

　누구는 수필을 사랑해서 쓴다고 하고 누구는 행복해서 쓴다고 한다. 나는 어떤가? 사랑이 넘치는 마음으로 쓴 적이 있는가? 쓰면서 행복했던 기억이 있는가?
　그런 시간이 있기는 했다. 아직 수필의 얼굴을 모를 때였다. 눈뜨지 못한 강아지가 냄새만으로 어미의 품속을 알아보듯 체화된 언어의 냄새로만 문학의 얼굴을 짐작했다. 살아온 내력이 주저리주저리 담긴 글, 손길 가는 대로 알록달록한 언어로 문장을 엮은 글이 다 수필인 줄 알았다.
　내가 쓰는 글이 일기인지 수기인지 갈래도 모르고 썼다. 주제는 머리에 없었다. 구성은 생각해보지 않았다. 독자는 오로지 나 하나여서 내 마음에 들게 쓰면 그만이었다. 지나온 삶의 궤

적을 더듬다 눈물을 쏟거나, 어려움을 극복한 스스로가 장해서 흐뭇한 미소를 지을 때도 있었다. 마음에 드는 문장 하나를 만들면 나 혼자서 우쭐하기도 했다.

내가 쓴 글을 다른 이가 읽게 되면서 고민이 시작되었다. 남에게 보이는 글이 되기 위해서는 갖출 요건이 한둘이 아니었다. 하나의 완성된 수필이 되기 위해서는 주춧돌이, 기둥이, 지붕이 필요했다. 그런 의미에서 문학은 글자로 짓는 건축물이었다. 그게 말처럼 쉽지 않았다.

무수한 이론은 나를 주눅 들게 했다. 독자를 붙잡을 서두의 미끼는 쉬 만들어지지 않았고, 어떻게 전개를 해야 참신하고 놀라우며 흥미로운 글이 되는지 알 수 없었다. 글을 시작할 때는 서울을 가려고 나선 길이 걸핏하면 삼천포로 빠져 갈팡거렸다. 기껏, 여운 있는 끝맺음을 위해 잠 못 이루며 방향을 수정한 글이 아침에 읽으면 맹탕일 때는 하늘이 노랬다.

다행스레 내게는 '그'가 있었다. 그 사람이 겪은 고통과 절망이 그리고 병고로 비롯된 여러 얘기가 글을 쓰게 하는 동력이 되었다. 분노를 삭이며 만든 그의 조각이 내가 쓴 수필이라는 그릇에 담길 때도 있었고, 내가 쓴 글이 그의 조각으로 재탄생할 때도 있었다. 그는 내게 지팡이 같은 존재였다. 주저하고 절망하는 나를 어르고 달래 글을 쓰게 했다. 종래는 두려움을 떨치고 책을 묶게 했다.

책 한 권을 엮고 나자 내 안에 있는 감성은 바닥이 났다. 진액이 빠져나간 메마른 가슴으로 글을 쓴다는 건 불가능했다. 다시는 글을 쓰지 못할 것 같았다. 써야 한다는 의무감의 무게에 이끌려 책상 앞에 앉으면 생각만 오락가락할 뿐 문장으로 이어지지 않았다.

안 쓴다고 뭐라고 할 사람도, 내 글을 눈 빠지게 기다리는 독자도 없는데 빚진 사람처럼 마음이 불편했다. 그나마 컴퓨터 앞에 앉아 있는 동안은 마음의 불편을 잊을 수 있었다. 문제는 공부하기 싫은 아이가 책상 앞에 앉아 교과서로 가리고 만화를 읽듯, 컴퓨터 모니터에 제목 하나 달랑 적어놓고 하릴없이 인터넷을 뒤적이고 카페를 들락거리는 내 모습이었다.

내게 수필은 무엇일까? 왜 수필에 목을 다는가? 고행이라 하면서 왜 꾸역꾸역 쓰려고 하는가? 행복해서 쓰는 것도 아니라면서, 사랑해서 쓰는 건 더더구나 아니라면서 왜 수필을 쓰려고 안달하는가? 자문해 본다. '운명이라서, 내 발로 찾아든 덫이라서, 내가 존재하는 이유라서.' 수필을 쓴다.

어릴 적, 수필가가 되겠다는 꿈을 꾼 기억이 없다. 문학의 열렬한 소비자였던 내가 때늦은 나이에 독자를 기다리며 글을 쓰는 모습은 '운명'이라는 말 외에는 설명할 길이 없다. 문자 한 줄이라도 정확하게 쓰고자 찾아간 글쓰기 교실에서 족쇄 같은 수필을 만나게 될 줄 그때는 몰랐다. 수필에서 벗어난들 갈 곳이 없다. 문학은 내게 숨을 쉬게 하는 마지막 이유이며, 언제나 머물러도 되는 유일한 공간이다.

    그래서 나는 문학을 떠나지 못한다. 피 흘리는 심정으로 글을 쓰면 누구에게나 편안함을 느끼게 하는 글, 곡진한 삶에 한 줄기 미풍처럼 위로가 되는 수필 한 편 건질지 누가 아느냐고 오늘도 꾸역꾸역 모니터를 연다.

우리시대 수필작가선 058

동심을 찾아서

ⓒ 박동조 2019

인쇄일 | 2019년 11월 11일
발행일 | 2019년 11월 21일

지은이 | 박동조
발행인 | 이유희
편집인 | 이숙희
발행처 | 수필세계사
인쇄처 | 중외출판사

출판등록 2011. 2. 16(제2011-000007호)
41958 대구광역시 중구 명륜로 23길 2
TEL (053)746-4321 FAX (053)792-8181
E-mail / essaynara@hanmail.net

값 12,000원
ISBN 979-11-85448-58-9   03810

* 본 도서는 2019년 한국문화예술위원회, 울산광역시, 울산문화재단의
  지원을 받아 제작되었습니다.